N2合格！

日本語能力試験問題集
The Workbook for the Japanese Language Proficiency Test

N2 読解 スピードマスター

Quick Mastery of N2 Reading

N2 读解 快速学得

N2 독해 스피드 마스터

小林ひとみ・桑原里奈・木林理恵　共著

Jリサーチ出版

はじめに

　この本では、N2 レベルの読解で取り上げられる文章（新聞や雑誌の記事・解説、平易な評論、一般的な話題に関する読み物）から、お知らせなどの日常的な文書や手紙まで、幅広く扱っています。文章はできるだけ生のものを扱うことを心がけました。また、各問題の形式は、新しい日本語能力試験（読解）に合わせてあります。さらに、それぞれに解答時間の目安を示してありますので、試験対策の学習書として最適です。本の最初のほうには、ウォーミングアップとして、読解力をアップさせるポイントと練習問題を載せました。読解が苦手な方は、ここからしっかり勉強しましょう。

　本書によって、皆さんが読解の実力を伸ばし、合格をつかむことを願っています。

小林ひとみ・桑原里奈・木林理恵

Preface

　This book presents a wide range of reading material covered by the level N2 reading comprehension problems, including newspaper/magazine articles and commentaries, simple critical essays, writings on general topics, everyday messages (such as notices), and letters. The reading material has been carefully designed to mirror real-life writings as much as possible, and the practice problems are in the same format as the new JLPT's various types of reading comprehension items. As another handy feature to help you prepare for the JLPT, this book also gives the approximate response time for each listening comprehension section. Moreover, a warm-up section is included at the beginning to present strategies and practice problems for building your reading comprehension skills. If you are a learner who has trouble tackling reading comprehension problems, then be sure to start out with the warm-up section.

　The authors hope that this book will enhance your powers of reading comprehension enough to help you pass the JLPT.

前言

　　本书中，N2水平的阅读理解中所列举的文章(报纸、杂志的报道·解说、简单的评论、关于一般话题的文章)，都是从通知等日常生活中经常看到的文书或者信件中选择编写的，涉猎范围广。编者在选择素材时，尽量选择实际生活中的原始文章。而且，各种问题的形式，也是配合新版的日语能力考试(阅读理解)而编写的。此外，每个题目都显示有答题时间，作为考试对策的学习书籍，这本书是最适合的。本书最开始的时候，是将提高阅读理解能力的要点和练习题作为准备活动。不擅长阅读理解的同学，从这里开始就要加强训练。

　　衷心希望大家通过对本书的学习，不断提高阅读理解能力，顺利地通过能力考试。大家加油吧！

시작하며

　　이 책에서는 N2수준의 독해에서 다루어지는 문장(신문이나 잡지 기사·해설, 평이한 평론, 일반적인 화제에 관한 읽을거리)에서 알림 등의 일상적인 문서나 편지까지 폭넓게 다루고 있습니다. 문장은 가능한 한 그대로 싣도록 하였습니다. 또한 각 문제 형식은 새 일본어 능력 시험(독해)에 맞추어져 있습니다. 더욱이 각 문제를 푸는 시간의 기준을 제시해 놓아 시험 대책의 학습서로서 알맞습니다. 책의 머리에는 워밍업으로 독해력을 향상시키는 포인트와 연습 문제를 게재했습니다. 독해를 어려워하는 분은 여기서부터 제대로 공부합시다.

　　본서에 의해 여러분의 독해 실력이 향상해 합격을 손에 넣기를 바랍니다.

もくじ

Contents／目录／목차

はじめに ･････････････････････････ 2
Preface／前言／머리말

もくじ ･････････････････････････ 4
Contents／目录／목차

日本語能力試験と読解問題 ･････････ 6
Japanese Language Proficiency Test and reading comprehension exercises／
日语能力考试和听解问题／일본어 능력 시험과 청해 문제

この本の使い方 ･･･････････････････ 8
How to use this book／此书的使用方法／이 책의 사용법

ウォーミングアップ──読解力アップのポイントと練習 ････ 10
Warming up — Strategies and Practice for Building Reading Comprehension Skills／
准备活动 ── 提高阅读理解能力的关键和练习题／워밍업─독해력 향상 포인트와 연습

PART 1 実戦練習 ･･･････････････････ 33
Practice exercises／实战练习／실전연습

内容理解（短文） ･･････････････････ 34
Understanding content (short passage)／内容理解（短文）／내용이해（단문）

内容理解（中文） ･･････････････････ 46
Understanding content (medium-length passage)／内容理解（中文）／내용이해（중문）

統合理解 ･･････････････････････ 66
Integrated Comprehension／综合理解／통합 이해

主張理解（長文） ･･････････････････ 72
Thematic Comprehension (Long Passage)／主旨理解（长文章）／주장 이해（장문）

情報検索 ･･････････････････････ 80
Searching for information／信息检索／정보검색

解答用紙（実戦練習用） ･･････････････ 86
Answer sheet／答案纸／해답용지

PART 2 模擬試験（2回分） · **87**
Mock examinations／模拟考试／모의고사

解答用紙（模擬試験用） · **88**
Answer sheet／答案纸／해답용지

第 1 回　模擬試験 · **89**

解答用紙サンプル（本試験の見本） · **108**
Sample answer sheet／答案纸样本／해답용지 샘플

第 2 回　模擬試験 · **109**

別冊──解答・ことばと表現

Appendix — Answers/words and expressions／附册 ──解答·词汇和表达方式／별책 ─해답· 말과 표현

日本語能力試験と読解問題

●目的：日本語を母語としない人を対象に、日本語能力を測定し、認定すること。
　　　　※課題遂行のための言語コミュニケーション能力を測ることを重視。

●試験日：年2回（7月、12月の初旬の日曜日）

●レベル：N5（最もやさしい）　→　N1（最もむずかしい）

　N1：幅広い場面で使われる日本語を理解することができる。

　N2：日常的な場面で使われる日本語の理解に加え、より幅広い場面で使われる日本語を
　　　ある程度理解することができる。

　N3：日常的な場面で使われる日本語をある程度理解することができる。

　N4：基本的な日本語を理解することができる。

　N5：基本的な日本語をある程度理解することができる。

レベル	試験科目	時間	得点区分	得点の範囲
N1	言語知識（文字・語彙・文法）・読解	110分	言語知識（文字・語彙・文法）	0〜60点
			読解	0〜60点
	聴解	55分	聴解	0〜60点
N2	言語知識（文字・語彙・文法）・読解	105分	言語知識（文字・語彙・文法）	0〜60点
			読解	0〜60点
	聴解	50分	聴解	0〜60点
N3	言語知識（文字・語彙）	30分	言語知識（文字・語彙・文法）	0〜60点
	言語知識（文法）・読解	70分	読解	0〜60点
	聴解	40分	聴解	0〜60点
N4	言語知識（文字・語彙）	25分	言語知識（文字・語彙・文法）・読解	0〜120点
	言語知識（文法）・読解	55分		
	聴解	35分	聴解	0〜60点
N5	言語知識（文字・語彙）	20分	言語知識（文字・語彙・文法）・読解	0〜120点
	言語知識（文法）・読解	40分		
	聴解	30分	聴解	0〜60点

※N1・N2の科目は2科目、N3・N4・N5は3科目

●認定の目安：「読む」「聞く」という言語行動でN5からN1まで表している。

●合格・不合格：「総合得点」と各得点区分の「基準点（少なくとも、これ以上が必要という得点）」
　　　　で判定する。

☞くわしくは、日本語能力試験のホームページ〈https://www.jlpt.jp/〉を参照してください。

日常的な場面で使われる日本語の理解に加え、より幅広い場面で使われる日本語をある程度理解することができる。

N2のレベル	
読む	○ 幅広い話題について書かれた新聞や雑誌の記事・解説、易しい評論など、論旨が分かりやすい文章を読んで文章の内容を理解することができる。 ○ 一般的な話題に関する読み物を読んで、話の流れや言いたいことを理解することができる。
聞く	○ 日常的な場面に加えて幅広い場面で、自然に近いスピードの、まとまりのある会話やニュースを聞いて、話の流れや内容、登場人物の関係を理解したり、言いたいことを理解したりすることができる。

読解問題の内容

大問 ※1〜6は文字・語彙、 7〜9は文法問題		小問数	ねらい
読解	10 内容理解（短文）	5	生活・仕事などいろいろな話題で、説明文や指示文など150〜200字ぐらいのテキストを読んで、内容が理解できるかを問う。
	11 内容理解（中文）	9	比較的易しい内容の評論、解説、エッセイなど500字程度のテキストを読んで、因果関係（どうしてそうなったのか）や理由、概要や筆者の考え方などが理解できるかを問う。
	12 統合理解	2	比較的易しい内容の複数のテキスト（合計600字程度）を読み比べて、比較・統合しながら理解できるかを問う。
	13 主張理解（長文）	3	論理展開が比較的分かりやすい評論など、900字程度のテキストを読んで、全体として伝えようとしている主張や意見がつかめるかを問う。
	14 情報検索	2	広告、パンフレット、情報誌、ビジネス文書などの情報素材（700字程度）の中から必要な情報を探し出すことができるかを問う。

※大問の番号や小問の数は変わる場合もあります。

ウォーミングアップ──読解力アップのポイントと練習

Warming up— Strategies and Practice for Building Reading Comprehension Skills／
准备活动——提高阅读理解能力的关键和练习题／워밍업——독해력 향상 포인트와 연습

●読解問題の対策として、文章の内容を理解し要点をつかむ方法、正解に近づく方法を中心に解説します。少し練習をしながら進めます。

This chapter introduces strategies for tackling reading comprehension problems, especially methods for grasping the main points of reading passages and for deducing the correct answers. Short practices are provided along the way as you progress through the chapter.

作为解决阅读理解问题的对策，是以理解文章内容、抓住要点和接近正确答案的方法为中心进行解释说明的，一边练习一边提高。

독해 문제 대책으로 문장 내용을 이해하여 요점을 파악하는 방법, 정답에 가까워지는 방법을 중심으로 해설했습니다 . 조금 연습을 하면서 진행합니다 .

●N２レベルの文章でキーワードの一つになる可能性のある言葉をいくつか挙げています。やや難しいものも含みますが、予習としてチェックしておきましょう。

This chapter presents a number of key words and phrases that are likely to appear in passages found on the JLPT level N2 test. Some of the expressions may be somewhat challenging for you, but be sure to master all of them to fully prepare yourself for the test.

在N2水平的文章中，我们会列举出几个有可能成为关键词中某一个的词语。有些内容稍微有些难度，因此我们预习时就应该认真检查。

N２수준 문장으로 키워드의 하나가 될 가능성이 있는 말을 몇 개 들었습니다. 약간 어려운 것도 포함되어 있지만, 예습 삼아 체크해 둡시다.

●文章が書かれる形式として、「メール」「手紙」「看板・ポスター・チラシ」を取り上げ、例を紹介します。

The sample reading passages presented in this chapter are formatted as e-mail messages, letters, posters, and flyers.

关于文章书写的形式，我们会举例介绍"邮件"、"信件"以及"海报·广告传单"的写法。

문장이 쓰이는 형식으로 「메일」「편지」「포스타 광고 전단」의 예를 들어 소개합니다.

実戦練習

Practice exercises／实战练习／실전연습

●問題ごとに目標の時間を示してあります。それを参考に、速く問題を解くようにしましょう。

The target time for completing each exercise is indicated. Using this as a guide, try and finish each one as fast as you can.

每个问题都标明目标时间。以此为参考，尽量快速解题。

문제마다 목표 시간을 제시하고 있습니다. 그것을 참고로 빨리 문제를 풀도록 합시다.

模擬試験
Mock examinations／模拟考试／모의시험

実際の試験と同じ形式、同じ数の問題に挑戦するパートです。

This part of the book lets you try your hand at a mock exam with the same format and number of questions as the real test.

此部分挑战和实际考试形式相同、题量相同的问题。

실제 시험과 같은 형식, 같은 문제수에 도전하는 부분입니다.

別冊
Appendix／附册／별책

別冊には、正しい答えと、難しい単語や句などについての訳や説明があります。

The correct answers, translations for difficult words and expressions and explanatory text can be found here.

附册里有正确答案、对较难的单词和句子有翻译和说明。

별책에는 정답과 어려운 단어나 구 등의 번역과 설명이 있습니다.

★練習の意味で、ときどき、本試験よりやや難しい文章や語句を含む問題があります。

As practice, there will be occasional exercises that include words, phrases and passages that are slightly more difficult than the actual examination.

作为练习, 有时会出现包含着比实际考试略难一些的文章或语句的问题。

연습으로 가끔 본 시험보다 약간 어려운 문장이나 어구를 포함하는 문제가 있습니다.

★漢字かひらがなか、などの表記については、固定せず、ある程度柔軟に扱っています。

We have been somewhat flexible in our choice of kanji or hiragana for the transcription of words in this text.

对于是汉字还是平假名的表示方法并没有固定, 而是在一定程度上采取了灵活的处理方式。

한자인지 히라가나인지 표기에 관해서는 고정적으로 하지 않고 어느 정도 유연하게 다루었습니다.

1　どうやって読めば、合格できる？

　皆さんは、ふだん文章を読むとき、どのように読んでいますか。
読解が得意ではない人は、実は、文章の読み方に癖があることが多いようです。読解が得意になるには、その癖を知って、バランスのよい読み方ができるようになるとよいでしょう。

　ところで、文章を読むといっても、さまざまなものがあり、日常生活でも、私たちはいろいろな目的を持って読解をしています。例えば、明日の天気を知るためにネットの天気予報を見る、レポートを書くために参考書を読む、経済の状況を知るために株価のグラフを読む、うれしい気持ちになりたくて、恋人からもらったメールを何度も読む、などです。

　この本は、日本語能力試験に合格するための読解能力を高めることが目的です。ですから、ここでは、試験に合格するための読み方を訓練していきます。

　では、読解が得意な人は、どうやって文章を読んでいるのでしょうか。読解が得意な人は、文章を読むとき、読む前、読んでいる間、読んだ後の、三つの段階で、次のような工夫をしています。

- 文章を読む前に、よく読むための工夫をする。
- 文章を読んでいる間、正確に読む工夫をする。
- 文章を読んでいる間、速く読む工夫をする。
- 文章を読んだ後で、正しい答えを選ぶための工夫をする。

　このように、それぞれの段階に合った工夫をしているのです。
　では、次のページから、それぞれの段階ですべき工夫を具体的に説明します。合格できる読み方をいっしょに勉強しましょう。

※マークの説明

　　練習……試験のための勉強のときにするとよいこと
　　本番……実際の試験のときにするとよいこと

＊癖：habit／癖性、习气、脾气／버릇
＊訓練：training／训练／훈련
＊工夫：device／设法、找窍门、动脑筋／궁리
＊段階：stage／阶段／단계

2　読む前の工夫

　読む前の工夫の一つは、文章を読む前に、文章の内容を予測することです。文章の内容とは、文章の話題や筆者の主張などです。

＊予測：prediction／预测／예측
＊話題：topic／话题、谈话资料／화제
＊筆者：writer／笔者、作者／필자
＊主張：assertion, claim／主张／주장

例題）次の本のタイトルを見て、あとの質問に答えなさい。

長谷川眞理子『進化とはなんだろうか』岩波書店

問1　この本の話題は、次のどれと関係があるだろうか。
　　1　芸術　　　2　スポーツ　　　3　科学　　　4　文学

問2　この本で筆者は、どんなことを述べているだろうか。
　　進化の（　　　　　）について述べている。

解答）問1　3　　　問2　意味など

　読む前に内容を予測したら、実際に読むときに、自分の予測が合っていたかどうか、確認しながら読みましょう。予測してから読むと、文章の内容をよく理解できるようになります。

　読む前の工夫の2つ目は、文章を10〜15秒ぐらい、全体的に見渡して、多く出てくる言葉を見つけることです。多く出てくる言葉は、文章のキーワードである可能性があります。

＊見渡す：to look around／展望、远望／널리 바라보다

＊キーワード：keyword／关键词／키워드

例題）次の文章を10～15秒ぐらい、全体的に見渡して、多く出てくる言葉を見つけなさい。

　日本の新聞は1860年ころからはじまっていますが、そのころの新聞をみると、漢字がすくなく、かな文字でかかれていたことがわかります。その理由のひとつは、漢字の活字をつくるのがたいへんだったからですが、なによりも日本人のおおくがむずかしい漢字をよむことができなかったからです。だから、そのころの新聞は、だれにでもわかりました。ところが、どういうわけか漢字をたくさんつかうのがえらいひとだ、というかんがえかたが政府の役人だの学者だののあいだにあったので、新聞もだんだん漢字をつかうようになってしまったのです。そういうふしぎな習慣がこれまでつづいて、いまの新聞はむかしにくらべると漢字だらけになりました。これら、たくさんの漢字を、はたしていまの日本人はぜんぶよむことができるのでしょうか？しらべてみると、そうではない、ということがわかっています。新聞をぜんぶただしくよむことのできるひとは10％にもならないでしょう。
（加藤秀俊「漢字とかな」国際交流基金日本語国際センター　みんなの教材サイトによる）

＊活字：印刷のために作られた字　　　　　　　　　　答え）　漢字／新聞／よむ　など

キーワードがわかったら、文章の横にメモしておくといいでしょう。

2-3　設問文を見て、読み方を計画しよう　練習　本番

　読む前の工夫の３つ目は、設問文を見ることです。日本語能力試験の場合、答えの形式は、すべて４つの選択肢から選ぶ方法です。ですが、「何を選べばいいか」は、設問ごとに異なります。文章を読む前に設問文を見て、何を選ぶために、つまり何のために読めばいいのかを決めましょう。

＊説明文：text of a test question／设问句／설명문
＊選択肢：choice (in a test)／几个可供选择的答案／선택지

●よく出る設問文のリスト

問われていること	設問文の例
筆者の言いたいこと・考え	・この文章で筆者が言いたいことは何か。 ・筆者が最も言いたいことはどんなことか。 ・筆者が一番言いたいことはどんなことか。

	・筆者が言いたいことに近いものはどれか。 ・筆者から見た〇〇はどんなことか。 ・筆者が考える〇〇とは、どのような〇〇か。 ・〇〇はどんな〇〇だと言っているか。 ・______とあるが、ここで言いたいことはどんなことか。 ・______とあるが、筆者の考えに近いものはどれか。
文章中の表現の意味	・______が意味していることは何か。 ・______とは、どんな〇〇か／どういうことか。 ・______とは、どのようにすることか。 ・ここでの______とはどんなことだと考えられるか。
指示しているもの 関連のあるもの	・______は何を指しているか。 ・______とあるが、〇〇はどうしてか。 ・______と筆者が考える理由は何か。 ・______のはなぜか。
文章から推論できること 文章に書かれていることの 応用	・この文章からわかる〇〇はどんなことか。 ・〇〇とき／場合、どうすればいいか。 ・〇〇について、正しいのはどれか。 ・______とあるが、〇〇について正しく説明しているのはどれか。 ・AとBのどちらの〇〇にも触れられている内容はどれか。 ・〇〇について、Aの筆者とBの筆者はどのような立場をとっているか。 ・筆者が言っている〇〇の例はどれか。

　試験問題の文章を読むとき、自由に読んではいけません。合格するために重要なのは、「自分が文章をどう理解したか」ではありません。「設問を作った人が文章をどう理解したか」です。そのヒントが、設問文に隠されています。

＊関連：connection／关联／관련
＊推論：inference／推论、推断／추론
＊応用：application／应用／응용
＊触れる：refer, touch／接触／닿다
＊立場：position, stand／立场／입장

3　読んでいる間の工夫 ── 正確に読む

3-1　印や線で大事なところをチェックしよう　練習　本番

　正確に読むためには、文章の中でカギとなる表現をチェックできるかがポイントになります。重要な言葉の意味がはっきりしないまま読み進めても、文章全体を理解することができません。また、自信を持って答えを選ぶことができません。

●チェックするポイント

印や線をつけるところ	例
反対の内容、 対になる内容の言葉	〈反対の意味の言葉〉 有料・無料／合理的・非合理的 子ども・大人／精神・肉体 〈前と反対のこと、異なる内容を述べるときの接続表現〉 しかし／だが／ところが にもかかわらず 〈並べて比べるときの接続表現〉 一方／他方／反面
同じ内容、関連するものを 表す言葉	〈同じ意味の言葉〉 他者・他人／同等な・等しい 〈並べて比べるときの接続表現〉 かつ／およびに／ならびに 〈意味や内容を加えたり重ねたりする接続表現〉 そのうえ／しかも／さらに 〈別の表現に言いかえるときの接続表現〉 つまり／すなわち／要するに 〈指示語（こ・そ・あ）〉 これ・それ／この・その このような・そのような 〈比喩の表現〉 簡単なこと→朝飯前 問題を解決できない→迷宮入り
数を表す言葉、 順序・時間を表す言葉	第一に・第二に／まず・次に 以前は・現在は

因果関係を示す言葉	〈前に理由や原因など、後に、それに続く結果などを述べるときの接続表現〉 だから／したがって／ゆえに／よって／そのため／ので 〈文型〉 〜わけだ／〜せいで／〜おかげで／〜ために／なぜならば〜 〜によって／〜ものだから／〜ことだから
主張を表す言葉	〈全体をまとめるときの接続表現〉 このように／よって 〈文型〉 〜のだ／〜べきだ／はずがない／〜てはいけない／〜ではないか 〜ほうがいい／〜たいものだ／〜ないものか／〜たらどうか 〜わけだ／〜に違いない／〜と思われる／〜ように思う

＊対：pair／対、双／쌍
＊関連：関係
＊解決：solution／解决／해결
＊指示語：demonstrative／指示词／지시어
＊比喩：metaphor／比喩／비유
＊因果関係：causation／因果关系／인과관계

例題）次の文章を読みながら、大事なところを探して、印をつけたり、線でつないだり
しなさい。

日本の新聞は1860年ころからはじまっていますが、そのころの新聞をみると、漢字がす
くなく、かな文字でかかれていたことがわかります。その理由のひとつは、漢字の活字
をつくるのがたいへんだったからですが、なによりも日本人のおおくがむずかしい漢字
をよむことができなかったからです。だから、そのころの新聞は、だれにでもわかりま
した。ところが、どういうわけか漢字をたくさんつかうのがえらいひとだ、というかん
がえかたが政府の役人だの学者だののあいだにあったので、新聞もだんだん漢字をつか
うようになってしまったのです。そういうふしぎな習慣がこれまでつづいて、いまの新
聞はむかしにくらべると漢字だらけになりました。これら、たくさんの漢字を、はたし
ていまの日本人はぜんぶよむことができるのでしょうか？しらべてみると、そうではな

い、ということがわかっています。新聞をぜんぶただしくよむことのできるひとは10％
にもならないでしょう。

（加藤秀俊「漢字とかな」国際交流基金日本語国際センター　みんなの教材サイトによる）

解答）

　日本の新聞は1860年ころからはじまっていますが、そのころの新聞をみると、漢字がすくなく、かな文字でかかれていたことがわかります。その理由のひとつは、漢字の活字をつくるのがたいへんだった から ですが、なによりも日本人のおおくがむずかしい漢字をよむことができなかった から です。 だから 、そのころの新聞は、だれにでも わかりました。 ところが 、どういうわけか漢字をたくさんつかうのがえらいひとだ、というかんがえかたが政府の役人だの学者だのあいだにあった ので 、新聞もだんだん漢字をつかうようになってしまったのです。そういうふしぎな習慣がこれまでつづいて、いまの新聞はむかしにくらべると漢字だらけになりました。これら、たくさんの漢字を、はたしていまの日本人はぜんぶよむことができるのでしょうか？　しらべてみると、そうではない、ということがわかっています。新聞をぜんぶただしくよむことのできるひとは10％にもならないでしょう。

　文章の表現をチェックしながら読むと、内容がよくわかるようになります。だだし、本番の試験では、チェックにばかり時間をかけすぎないように注意しましょう。

3-2 大事か大事でないかを見極めよう 　練習　本番

　文章には、3－1で挙げたような大事な部分があります。一方で、文章には大事でないところも含まれていることがあります。たとえば、「例」です。
　例は、説明をわかりやすくするために入れてあるものですが、例を読まなくても文章の内容がわかる人は、その部分は読まなくてもいいのです。「たとえば」などの、例を示す表現が出てきたら、そこをカッコで囲んでもいいでしょう。読んだ後で答えを選ぶとき、カッコで囲んだ部分を飛ばして、短い時間で大事なところだけもう一度読むことができます。

＊見極める：最後までよく見て、十分に確認する

例題）次の文章を読みながら、例の部分をかっこで囲みなさい。

　ただしい漢字をかく、ということは英語やフランス語などローマ字をつかっていることばで、ただしいスペリングでかく、ということとほぼおなじでしょう。ただしいスペリングができないのではこまります。日本人はたくさんむずかしい漢字をつかっている、といって感心するひとがいますが、ほんとうはじぶんたちのことばのただしいスペリングがわかっていないのです。わたしも、漢字がなかなかわかりません。わからないから辞書でしらべます。複雑な漢字をかこうとするときには虫眼鏡でしらべます。なぜ、こんなむずかしい漢字をつかわなければならないのか？とふしぎにおもうこともよくあります。

（加藤秀俊「漢字とかな」国際交流基金日本語国際センター　みんなの教材サイトによる）

＊スペリング：単語を書くときの文字の並び・書き表し方

解答）

　（ただしい漢字をかく、ということは英語やフランス語などローマ字をつかっていることばで、ただしいスペリングでかく、ということとほぼおなじでしょう。ただしいスペリングができないのではこまります。）日本人はたくさんむずかしい漢字をつかっている、といって感心するひとがいますが、ほんとうはじぶんたちのことばのただしいスペリングがわかっていないのです。（わたしも、漢字がなかなかわかりません。わからないから辞書でしらべます。複雑な漢字をかこうとするときには虫眼鏡でしらべます。なぜ、こんなむずかしい漢字をつかわなければならないのか？とふしぎにおもうこともよくあります。）

　例をかっこで囲むと、大事なところがはっきりしますね。だだし、3－1と同じで、本番の試験では、これにばかり時間をかけすぎないように注意しましょう。

3-3　表・図（マップ）・フローチャートにまとめよう　練習

　文章に含まれる情報を、読みながら、目で見てわかるように整理すると、文章理解が進みます。特に長い文章を読むとき、簡単な表や図（マップ）、フローチャートなどで表すと、設問を解くときに参照できて、役立ちます。

＊フローチャート：flow chart／流程図／플로 차트
＊参照：reference／参照／참조

例題）次の文章の①～㉘の部分を、下の表のあてはまるところに記入して、分類しなさい。

　①日本の新聞は1860年ころからはじまっていますが、②そのころの新聞をみると、漢字がすくなく、かな文字でかかれていたことがわかります。その理由のひとつは、③漢字の活字をつくるのがたいへんだったからですが、なによりも④日本人のおおくがむずかしい漢字をよむことができなかったからです。だから、⑤そのころの新聞は、だれにでもわかりました。ところが、⑥どういうわけか漢字をたくさんつかうのがえらいひとだ、というかんがえかたが政府の役人だの学者だののあいだにあったので、⑦新聞もだんだん漢字をつかうようになってしまったのです。⑧そういうふしぎな習慣がこれまでつづいて、いまの新聞はむかしにくらべると漢字だらけになりました。⑨これら、たくさんの漢字を、はたしていまの日本人はぜんぶよむことができるのでしょうか？⑩しらべてみると、そうではない、ということがわかっています。⑪新聞をぜんぶただしくよむことのできるひとは10％にもならないでしょう。

　⑫よむことができないのだから、ましてや漢字をかくことなど、ふつうの日本人にはできません。⑬このごろではワープロなどがありますから、漢字変換キーをおすだけで漢字はちゃんとでてきます。しかし、⑭「でてくる」ということは、「かける」ということではありません。⑮かくこともできない漢字をやたらにつかうのはおかしいとわたしはおもっています。

　⑯ただしい漢字をかく、ということは英語やフランス語などローマ字をつかっていることばで、ただしいスペリングでかく、ということとほぼおなじでしょう。⑰ただしいスペリングができないのではこまります。⑱日本人はたくさんむずかしい漢字をつかっている、といって感心するひとがいますが、⑲ほんとうはじぶんたちのことばのただしいスペリングがわかっていないのです。⑳わたしも、漢字がなかなかわかりません。㉑わからないから辞書でしらべます。㉒複雑な漢字をかこうとするときには虫眼鏡でしらべます。㉓なぜ、こんなむずかしい漢字をつかわなければならないのか？とふしぎにおもうこともよくあります。

　㉔いったい、どうしたらいいのでしょう？　㉕わたしは、できるだけかなで文章をかき、漢字の数をできるだけへらしてゆくのがいい、とかんがえています。㉖むかしの日本人は、かな文字だけで「万葉集」だの「源氏物語」だの、すばらしい作品をのこしているではありませんか。㉗いまの日本はむかしにくらべると社会も複雑になっていますから、㉘すべてかな文字、というわけにはゆきませんが、漢字の問題で時間やエネルギーをあんまり無駄にしないほうがいいとおもいます。

（加藤秀俊「漢字とかな」国際交流基金日本語国際センター　みんなの教材サイトによる）

事実、経験、観察など 実際にあったこと	筆者の問題提起や 主張、推測	世間一般に知られていること、考えられていること
① ②	⑨ ⑪	⑤ ⑥

＊事実：fact／事实／사실

＊観察：observation／观察／관찰

＊問題提起：posing a problem, raising an issue／提出問題／문제 제기

＊推測：guess／推測／추측

＊世間一般に：世の中に普通に

　文章の内容がわかっていないと、目で見てわかるようにまとめることはできません。まとめようという目的を持って読むことで、文章の理解が進むはずです。

※図（マップ）の例

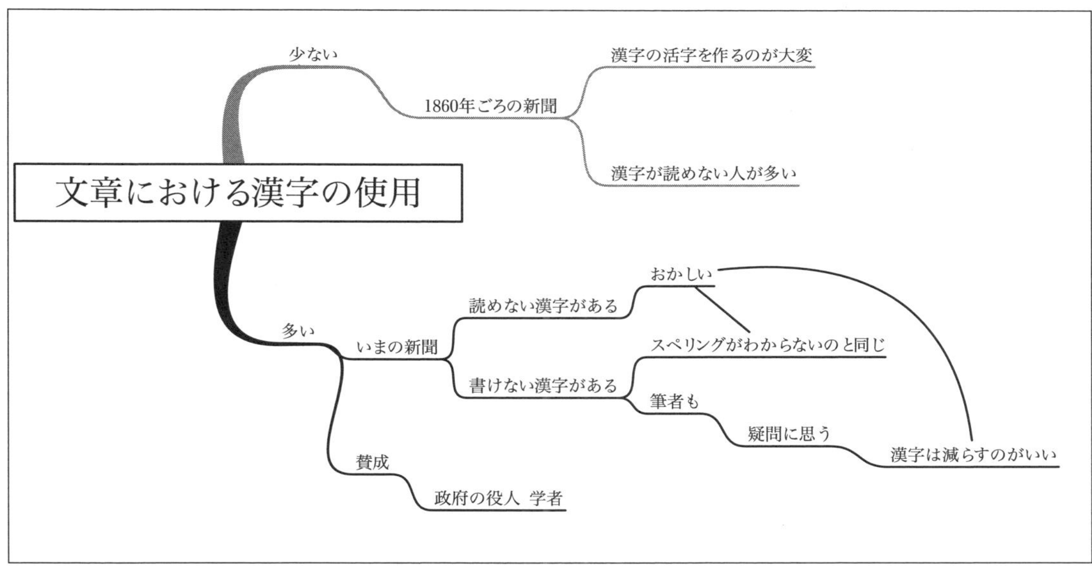

3−3の例題の答えの例）　左のらん＝ ① ② ③ ④ ⑤ ⑥ ⑦ ⑧ ⑩ ⑬ ⑳ ㉑ ㉒ ㉓ ㉖ ㉗、真ん中のらん＝ ⑨ ⑪ ⑫ ⑭ ⑮ ⑰ ⑲ ㉔ ㉕ ㉘、右のらん＝ ⑯ ⑱

4　読んでいる間の工夫――速く読む

4-1　わからない表現の意味を推測しよう　練習　本番

　文章を読んでいるとき、わからない表現が出てきたら、いつもどうしていますか。辞書を引いていますか。でも、試験本番では、辞書は使えません。試験勉強のときから、辞書に頼らないで文章を理解する方法を練習しておきましょう。それは、文章の中から、文章を理解するヒントを見つけて推測することです。

●わからない表現の意味を推測するヒント

ヒント	例
語のイメージ	〈プラスのイメージ〉 勝利／活躍／希望に満ちた若者 〈マイナスのイメージ〉 害／低下／あまり期待できない
語の一部分	〈語の頭につける言葉〉 無―／反―／非―／不―／前― 本―／小―／アンチ― 〈語の最後につける言葉〉 ―さ／―み／―化／―ぽい ―切る／―出す
同じ内容、関連するものを表す言葉	3-1の表（p.14〜15）を参照
反対の内容、対になる内容の言葉	3-1の表（p.14〜15）を参照

例題）次の文章の、①〜⑥の表現から思い浮かぶイメージを挙げなさい。

　「お茶の中に①<u>茶柱が立っている</u>と、いいことがある。」―――年配の人だけでなく、若い人たちの話の中にも、こういう縁起や②<u>迷信</u>はよく出てくるが、その③<u>由来</u>や理由ははっきりしないものが多い。多くは、単に気分的なものから始まったのかもしれない。でも特に④<u>神経質</u>な人でなくても、例えば、⑤<u>霊柩車</u>を見ると⑥<u>不吉</u>そうに親指を隠したり、夜中に爪を切らないようにしたりしている人は案外いる。
　　　　（「縁起・迷信・占い」国際交流基金日本語国際センター　みんなの教材サイトによる）

＊縁起：luck／吉利、预兆／재수

＊案外：思ったより、意外と

解答例）　①めずらしいこと、プラスのイメージ

②間違っている感じ、マイナスのイメージ

③来た理由

④性格や脳に関係がある

⑤車の種類のひとつ、死に関係がある

⑥よくないこと（←「吉」はよいこと、「不」は否定）など

　わからない表現の意味を推測するときに注意することは、自分の頭の中にある常識や経験をもとに考えたり、語の持つイメージから考えたりすることです。文章を理解するヒントは必ず文章の中にあります。

4-2　次に読む部分の展開を予測しよう　練習　本番

　読む前の工夫（2-1）と似ています。これから先に読む部分やまだ読んでいない部分が、どんな内容になるか考えてから読むと、文章の理解が進みます。展開の予測をするときも、文章の中の表現がヒントになります。

＊展開：development, deployment／开展／전개

●展開を予測するヒント

ヒント	例
出来事を表す言葉	〈語彙〉 〜がある／〜が起きる／〜が生じる／〜に至る
話題を表す言葉 問題提起を表す言葉	〈文型〉 〜について／〜に関して／〜といえば／〜ときたら いったい〜／はたして〜
接続表現	3−1の表（p.14〜15）を参照

例題）　次の文章を読んで、この先にどんな内容が続くか、予測しなさい。

　「日本人は働きすぎる」とよく言われますが、最近は日本人の生活も変わってきました。確かに、今までは忙しすぎて、毎日の生活や仕事のことしか考えられませんでした。し

かし、経済が発展して生活に余裕ができたので、自分自身を高めるために時間を使いたいと思う人が増えました。また、最近は「生涯学習」という考え方が広まり、学校を卒業した後も生きている間はずっと何かを学び続けたい、と思う人が多くなりました。その結果、カルチャーセンター、公民館、図書館、放送大学など、大人も学べるところが増えてきました。中でも、カルチャーセンターは、だれでも、いつからでも学ぶことができるので、とても人気があります。

（「カルチャーセンター」国際交流基金日本語国際センター　みんなの教材サイトによる）

解答）（実際の続きの文章）

　カルチャーセンターの講座の種類は、スポーツ、伝統芸能、料理、語学、音楽、美術、コンピュータなどたくさんあって、利用者は、自由に好きな講座が選べます。例えば、手芸教室やエアロビクスの教室などは主婦に人気がありますし、大学で勉強するような日本文学や経済学の講座が開かれているところもあります。開講時間も、朝7時ごろから夜9時ごろまでと、いろいろな人が利用しやすくなっています。ですから、昼間は働いている人たちも大勢通っています。OLが出勤前にプールで泳ぐこともできるし、サラリーマンが、仕事が終わってから語学の勉強をすることもできます。また、平日はほとんど時間がない人でも、日曜日の講座に参加して、写生に出かけたり、テニス・スクールで汗を流したりすることもできるのです。

（「カルチャーセンター」国際交流基金日本語国際センター　みんなの教材サイトによる）

　予測をしたら、実際にその先の部分を読んで、予測が合っていたかどうか確認しましょう。予測が合っていると、うれしくてその先をどんどん読みたくなります。

5　読んだ後の工夫──答えを選ぶとき

選択肢の表現と文章に含まれる表現を見比べよう　練習　本番

　試験に出てくる設問には、答えを文章から直接的に探す方法では解けないものもあります。それは、推論や解釈を答えさせる設問です。推論や解釈も、4−1と同じように、文章の中から、関連のある部分を探せば、大丈夫です。

＊推論：inference／推论，推断／추론
＊解釈：interpretation／解释／해석

例題）次の文章から推論、解釈できることには○、できないことには×をつけなさい。

　カルチャーセンターは、「学ぶ場」であると同時に、「出会いの場」という役割も果たしています。つまり、同じ興味を持つ人が、老若男女を問わず集まるので、幅広い人間関係を作ることができるのです。ここで、新しい友人を得る人もたくさんいます。
　カルチャーセンターは、学校と違って必ずしも行く必要はありません。しかし、心豊かな人生を送るための一つの手段として、このような場を上手に利用する人が、これからもますます増えていくでしょう。

（「カルチャーセンター」国際交流基金日本語国際センター　みんなの教材サイトによる）

（　）　1　カルチャーセンターでは、読解のテクニックを教えている。
（　）　2　カルチャーセンターに行けば、恋人を作れる。
（　）　3　カルチャーセンターに行くか行かないかは、個人の自由だ。
（　）　4　カルチャーセンターは今後も人気が続く。

解答）　1 ×　2 ○　3 ○　4 ○

　推論や解釈は、勘ではなく、文章の中から証拠を探して行いましょう。

＊勘：intuition, instinct／感觉，悟性／직감
＊証拠：evidence／证据／증거

6　復習ドリル

問題1

1　文章のタイトルを見て、予測できる内容を書きなさい。

[　　　　　　　　　　　　　　　　　　　　　　　　　　　　　　　　]

2　文章をざっと見て、多く出てくる言葉を書きなさい。

[　　　　　　　　　　　　　　　　　　　　　　　　　　　　　　　　]

　　2004年の調査によると、日本人の平均寿命は、男性が78.64歳で、女性が85.59歳だそうです。現在、日本は、男女共に世界一の長寿国として知られています。今のお年寄りが長生きである理由はいろいろありますが、①この人たちが長い間続けてきた食生活とも深い関係があると言われています。つまり、長寿のお年寄りは、魚や野菜や豆腐を中心にした、日本の伝統的な食事を小さいころから続けてきたのです。

　　けれども、日本人の食生活は、外国の影響を受けて、この30年ぐらいの間に大きく変わりました。東京などの大都市では、洋食や中華料理の店だけでなく、インド、タイ、ロシアなどのレストランも増えて、世界のいろいろな味が楽しめるようになりました。24時間営業のレストランやコンビニエンスストアも多くなり、忙しい人たちにとっても、大変便利です。

　　その一方で、家庭の味や伝統の味を忘れてしまう人や、簡単な料理も作れない若い人たちが増えてきました。また、これまで大人の病気だと思われていた生活習慣病になってしまう子どもが増えてきて、問題になっています。今の日本の子どもたちの食事は肉や油を使った料理が多くなり、栄養のバランスがよくありません。お菓子やジュースもたくさんあります。インスタント食品やファーストフードを利用する家庭も多くなりましたが、こういうものは塩分や糖分が多いだけでなく、いろいろな添加物も含まれていて、健康にいいとは言えません。その上、今の子どもたちはあまり外で遊ばなくなったために、運動不足になって、生活習慣病になってしまうこともあるのです。

　　このように、日本人の食生活は大変豊かで便利になった反面、②そういう変化の中で、いろいろな悪い影響も出始めています。これから毎日の食生活について見直していく必要があるかもしれません。

（「日本人の食生活」国際交流基金日本語国際センター　みんなの教材サイトによる）

＊生活習慣病：食事や寝る時間、仕事など、日々の習慣に問題があり、起きる病気
＊添加物：additive／添加物／첨가물

3　①<u>この人たち</u>とはだれか。
　　1　日本人の男性
　　2　日本人の女性
　　3　日本人のお年寄り
　　4　日本人全員

4　2段落目と3段落目で比べられていることは何か。
　　1　伝統的な食事のよい点とよくない点
　　2　最近の食事のよい点とよくない点
　　3　外国の食事と日本の食事
　　4　大人の食事と子どもの食事

5　筆者が最も言いたいことは何か。
　　1　若い人は生活習慣病にならないようにしよう。
　　2　食事は昔の伝統的なものに戻すべきだ。
　　3　食事の選択肢が増えることは望ましい。
　　4　今の日本人の食事に改善点がないかどうか探すといい。

6　②<u>そういう変化</u>とは何か。
　　1　日本人の食事が、より便利で、変化に富むようになったこと
　　2　伝統的な食事の、よくないところがなくなったこと
　　3　日本人の食事が、より健康的になったこと
　　4　外国人が日本人の食事をまねするようになったこと

1　文章のタイトルを見て、予測できる内容を書きなさい。

[　　　　　　　　　　　　　　　　　　　　　　　　　　　　　　　　　　　　　　　]

2　文章をざっと見て、多く出てくる言葉を書きなさい。

[　　　　　　　　　　　　　　　　　　　　　　　　　　　　　　　　　　　　　　　]

　「どうして日本では、子どもだけでなくて大人たちも漫画を読んでいるのか。」と言う外国人の声を耳にすることがよくある。確かに、電車の中で漫画雑誌に夢中になっている大人を見るのは、珍しいことではない。特に、20代、30代の大人たちが多いようだ。彼らは、なぜ、大人になっても漫画を読んでいるのか、そして、彼らが読んでいる漫画とはどんなものなのか、考えてみたい。

　まず、漫画は、駅で買って電車の中で立ったまま読めるという便利さがある。簡単に手に入れられて簡単に読むことができるので、毎日仕事で忙しい人たちにとっては、最も手軽なリラックスの手段だと言えるだろう。

　また、漫画は「絵」がある点で、字だけの本に比べて、内容がとてもわかりやすい。言葉だけによる表現よりも、絵がある方が、具体的なイメージを持つことができるので、読者にとって、理解しやすくなるのである。最近では、①この利点を生かして、会社や商品の案内書や説明書など、漫画で書かれているものが多くなった。

　そして、読者をひきつけるために一番大切な、内容の面白さという点も、忘れることはできない。漫画をあまり読まない人たちの中には、漫画は低俗だとか、内容が乏しいと思っている人もいるが、実際は必ずしもそうとは言えない。話の内容に作者の思想が反映されている作品や、テーマや背景が注意深く調査されていて、読者の知的好奇心を満たすことができる作品も少なくない。そして、読者はそのような作品を読んで、すぐれた映画や小説に出会った時と同じように、感動したり、共感を覚えたりするのである。

　若い大人たちにとって、漫画は子どものころから身近な存在だった。そして、彼らが大人になった今、このような漫画の特徴は以前よりもずっと広く認識されているし、また支持されるようにもなっている。漫画は、これからも多くの人たちに読まれていくだろう。

（「日本人の大人と漫画」国際交流基金日本語国際センター　みんなの教材サイトによる）

＊利点：merit／优点、长处／이점
＊低俗：vulgar／低级下流、鄙俗／저속

3　この文章で筆者が話題にしていることは何か。
　　1　子どもが好きな漫画は何か
　　2　大人が漫画を読む理由
　　3　漫画を読む大人は珍しいのか
　　4　漫画をよく読む人の平均年齢

4　①この利点とは何か。
　　1　大人も楽しめること
　　2　駅で買えること
　　3　リラックスできること
　　4　内容がわかりやすいこと

5　筆者の考えに近いものはどれか。
　　1　大人になっても漫画を読む人は少ない。
　　2　低俗な漫画は子どもに見せないほうがいい。
　　3　漫画の人気は将来も続くだろう。
　　4　漫画と、映画や小説は似ているところがない。

7　テーマ別キーワード

社会科学（経済・経営・政治・法律）

- □清算／決算
- □相場
- □為替
- □投資家
- □リストラ
- □戦略
- □上場（する）
- □流通（する）
- □解雇（する）
- □高齢化社会
- □少子化
- □晩婚化
- □所得格差
- □団塊の世代
- □派遣労働者
- □年金
- □社会保障
- □過労死（する）
- □内閣
- □党
- □政策
- □参政権
- □納税
- □有権者
- □官僚
- □予算
- □歳出／歳入
- □地方自治体
- □先進国／新興国
- □条約
- □憲法
- □人権
- □裁判員制度
- □訴訟
- □冤罪
- □時効
- □非行
- □補導
- □更生

自然科学（生物・地学）

- □生態系
- □外来種／在来種
- □標本
- □体内時計
- □食物連鎖
- □天敵
- □天然記念物
- □（生物）多様性
- □希少
- □絶滅危惧種
- □孵化（する）
- □遺伝（する）
- □繁殖（する）
- □捕食（する）
- □検出（する）
- □駆除（する）
- □（危機に）瀕する
- □土壌
- □惑星
- □衛星
- □化石
- □微生物
- □警報／注意報
- □猛暑
- □異常気象
- □耐震
- □避難
- □被災（地）
- □人災
- □浸水（する）
- □噴火（する）

環　境

- □二酸化炭素
- □地球温暖化
- □酸性雨
- □循環型社会
- □砂漠化
- □エコ（エコロジー）
- □省エネ
- □気候変動
- □スローフード
- □環境ホルモン
- □大気汚染
- □グリーンハウスガス／温室効果ガス
- □保護（する）
- □共生（する）
- □撲滅（する）
- □（対策を）講じる／推進する

産業・技術・工学

- □第一次／第二次／第三次産業
- □自給率
- □酪農
- □畜産
- □天然
- □無農薬
- □特産
- □密漁／密猟
- □地産地消
- □養殖（する）
- □遺伝子組み換え
- □ものづくり
- □最先端
- □人工知能
- □電磁波
- □特許
- □著作

生理・医療・健康

□赤血球／白血球　　□遺伝子　　□症状　　□免疫
□ワクチン　　□症候群　　□依存症　　□移植（する）　　□分泌（する）
□代謝（する）　　□生活習慣病　　□バリアフリー　　□尊厳死　　□ホスピス
□AED　　□ドナー　　□老人ホーム　　□リハビリ　　□寿命
□長寿

教育・思想・宗教

□イデオロギー　　□ナショナリズム　　□ポストモダン　　□宗派
□礼拝　　□AO入試　　□Eラーニング　　□遠隔授業　　□不登校
□生涯学習

文化・芸術

□展覧会　　□観賞（する）　　□絵画　　□陶器／磁器　　□彫刻
□仏像　　□民芸品　　□染色　　□色彩　　□タッチ
□前衛的　　□一点物　　□本邦初公開　　□風俗　　□慣習
□カルチャーセンター

言語・文学

□バイリンガル　　□語感　　□論理　　□解釈（する）　　□伝達（する）
□ニュアンス　　□行間を読む　　□批評　　□名文　　□格言
□筋

歴　史

□年号　　□遺跡　　□文献　　□出土（する）　　□氷河期
□植民地　　□暴動　　□紛争　　□革命　　□独裁
□民主化　　□改革　　□幕府　　□条約　　□宣言（する）
□ファシズム　　□高度経済成長　　□冷戦　　□締結／調印する

1　メール

差出人：渡辺恵美
宛先：山々サークルメンバー (yamayama@mailinglist.service.jp)
件名：[Mailing List18]定例食事会の件
添付：photo.JPG(926KB)

皆様

先日お話しました定例食事会ですが、**詳細**が決まりましたので、
お知らせします。

==

● **日時**：4月12日（木）19：00 〜 21：00
● **会場**：レストランTABETABE
　　　　URL：http://r.tabetabe.com/tokyo
● **会費**：4000円

==

次回の山登りの計画も立てたいと思いますので、**ご都合のつく**方は
ぜひご参加ください。

参加希望の方は、4月5日までに、渡辺までメールで**ご返信ください**。

取り急ぎ、ご連絡まで。

渡辺恵美

追伸：飛龍山での集合写真を**添付**します。

拝啓

　春分の候、森田先生におかれましては、お健やかにお過ごしのことと存じます。

　在学中、特に受験に際しましては、大変お世話になりまして、ありがとうございました。

　昨年の今頃は、大学と看護学校のどちらを選べばよいか迷っていました。何度か先生に相談させていただきましたが、森田先生のご指導は、私にとって大変な救いとなりました。あのときの先生のアドバイスがなかったら、今日の入学式を無事に迎えることはできませんでした。

　近々学校にご挨拶と近況報告に伺おうと思っておりますが、まずは書面にてお礼申し上げます。

　季節の変わり目ですので体調をくずされませんように。

敬具

平成二十二年四月十二日

大野木寛

森田朋子先生

緑が丘市立図書館　利用案内

●開館日・開館時間：
月〜木曜日 午前9時30分 〜 午後8時
土・日曜日・祝日 午前9時30分 〜 午後5時
祝日等で閉館時間が**ずれる**場合があります。必ず開館カレンダーで確認してください。

●休館日：
金曜日／館内整理日（**毎月第一水曜日**）／図書特別整理期間／**年末年始**

●利用登録できる方：
緑が丘市または**近隣**（楽北市・沢寺市）に**在住・在勤・在学**の方

●利用登録に必要なもの：
高校生以上の方は、住所が確認できるもの（**運転免許証**、**健康保険証**、**学生証**など）
が必要です。

※図書館利用カードは3年ごとに**更新手続き**が必要となります。そのときは住所を確認
できるものをご提示ください。また、住所や電話番号を変更されたときは必ず図書館
まで**お申し出ください**。

※図書館利用カードは**原則**、ご本人以外はご利用になれません。

【個人情報の保護】

●図書館は、利用者の個人情報を守ります。
●図書館に登録された住所・氏名・電話番号などの個人情報は、**図書館業務**
に**限定**して使用します。

PART 1

実戦練習

Practice exercises
実戦練習实战练习
실전연습

5分 問題1　次の文章を読んで、後の問いに対する答えとして、最もよいものを、1・2・3・4から一つ選びなさい。

　　書き込みに関して、注意すべきことをいくつか挙げておきます。

　　一つは、美しく線を引いたり、きれいに記号をつけたりすることに気を取られないでほしい、ということです。

　　色つきのボールペンや蛍光ペンなどを使って、本や資料に、きれいに線を引いたり、書き込みをいれたりしている人を見かけますが、こういう人に限って、内容は頭に入っていないものです。

　　あくまでも大事なのは、文章を素早く正しく理解することです。書き込みはフリーハンド（※1）でスピーディーにできればよいのです。あとで自分が読み直したときに理解できればよいのですから、それ以上の丁寧さはムダ以外の何物でもありません。

（三上直之『「超」読解力』講談社による）

（※1）フリーハンド：定規などの器具を使わないで書くこと

　1　　筆者の考えに合うものはどれか。

1　書き込みは雑にしてはいけない。
2　書き込みには集中力が必要だ。
3　きれいな書き込みができる人は、文章もよく読める。
4　文章理解より書き込みに力を注いではいけない。

 問題2　次の文章を読んで、後の問いに対する答えとして、最もよいものを、1・2・3・4から一つ選びなさい。

　　花屋に並んでいる美しい花は、私たちの目を楽しませてくれますが、道端に咲く雑草はどうでしょう。人の目を楽しませることができない無用なものなのでしょうか。

　　田んぼなどの土手（※1）に生えている雑草は、見た目は地味でも力強く根を張って土をつかみ、土手が崩れないようにしています。観賞用にもならないと言って、雑草を取り除いてしまったら、土手は崩れやすくなり、田んぼの保水力も弱まってしまいます。

　　植物が有用かどうかは、見た目からはわからないのではないでしょうか。

（※1）土手：川や田を囲うために、土を盛り上げてあるところ

1　筆者は、「雑草」に対してどのような考えを持っているか。

1　きれいな花と同様、人の目を楽しませることができる。

2　田んぼの水を吸ってしまうので、取り除いたほうがいい。

3　観賞用のために取り除いてしまうのはよくない。

4　なくてもよさそうに見えても、重要な役割がある。

 問題3　次の文章を読んで、後の問いに対する答えとして、最もよいものを、1・2・3・4から一つ選びなさい。

青葉市ホームページ

避難準備・高齢者等避難開始

こちらは、青葉市災害対策本部です。

> 昨晩からの集中豪雨（ごうう）により、
> 桜川の水位が上昇し、浸水（しんすい）のおそれがあります。

このため、桜台地区に対して、11時20分に避難準備・高齢者等避難開始を発令（※1）しました。
いつでも避難ができるよう、避難準備を始めてください。
また、近隣（きんりん）の方にもできるだけ声をかけてください。

◎お年寄りの方など、避難に時間がかかる方は、直ち（ただ）に桜台小学校に避難してください。

なお、桜川街道は現在通行止めです。桜台小学校へは、車は使わず徒歩（とほ）で、朝日町方面に迂回（うかい）（※2）して移動してください。

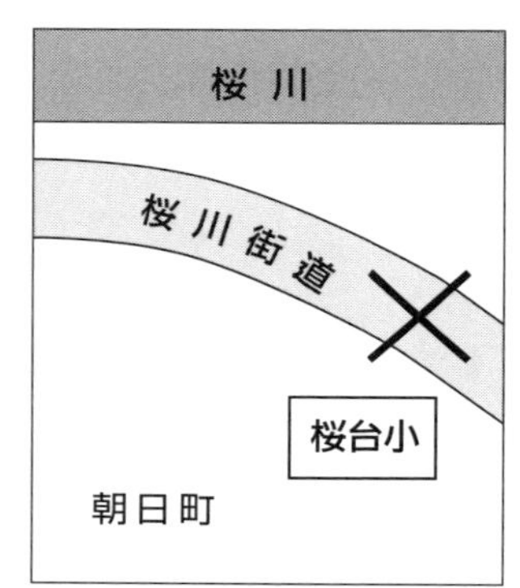

青葉市　災害対策本部
1234－5678
saigai@city.aoba.lg.jp

（※1）発令（はつれい）：地方自治体などが警告や指示を出すこと
（※2）迂回（うかい）：ある所を避けて、遠まわりして行くこと

1　高齢者は、今からどうしなければならないか。

1　桜川街道を通って、桜台小学校に避難する。
2　朝日町方面を通って、桜台小学校に避難する。
3　近所の人と一緒に、避難準備をする。
4　避難準備をしてから、市の災害対策本部に問い合わせる。

問題4　次の文章を読んで、後の問いに対する答えとして、最もよいものを、1・2・3・4から一つ選びなさい。

　　優れた短編小説の第一条件は、書き出しのよさにあるのではないでしょうか。この「羅生門」(※1)の書き出しも、忘れがたい魅力を放っています。古めかしい用語が多くて一見堅苦しいようですが、声に出して読んでみるとすんなり耳に入ってきます。決してややこしいことを表現しているわけではありません。一切の(※2)無駄を排し、研ぎ澄まされた(※3)最小限の言葉だけで、鮮やかな情景を浮かび上がらせています。文章はキラキラと装飾されているから美しいのではなく、むしろ飾りがないから美しいのだということをあらためて感じます。

（小川洋子『心と響き合う読書案内』PHP研究所による）

（※1）羅生門：小説のタイトル
（※2）一切の：すべての
（※3）研ぎ澄まされた：よく磨かれた、不用なものがない

1　筆者は、どんな文章が魅力的だと言っているか。

1　余計な装飾がない文章
2　風景が目に浮かぶような文章
3　声に出して読みやすい文章
4　わかりやすく親しみやすい文章

問題5　次の文章を読んで、後の問いに対する答えとして、最もよいものを、1・2・3・4から一つ選びなさい。

　　コロンブス、マゼラン、キャプテン・クックたちの活躍で、一七世紀には南太平洋も含めた地理的発見がおおむね（※1）終わり、地球の全容（※2）が完全とは言えないまでも、だいたい明らかになってきた。すると、人類は大きな問題を突きつけられた。

　　地球はどのようにして生まれたのか。地球上にはなぜこんなに多くの動植物が生存しているのか。地理的な発見が一段落したところで、探検家、冒険家たちの興味は、いままで見たことのない動植物の発見に向けられていった。

　　大きく言えば地球学、あるいは地理学などの探検・冒険に彼らは出向いていきはじめた。見知らぬ土地で出会った奇妙な動物を剥製（はくせい）にし、花や葉っぱは押し葉にして、博物館に持ち帰るための探検と冒険がはじまった。

（松島駿二郎『探検と冒険の物語』岩波書店による）

（※1）おおむね：だいたい

（※2）全容：全体の様子

| 1 | 筆者は、探検家や冒険家たちの興味はどんなことに変わっていったと言っているか。

1　地球の大きさを測ること

2　行ったことない土地を見つけること

3　未知の生きものを見つけること

4　世界中に立派な博物館をつくること

④分 問題6 次の文章を読んで、後の問いに対する答えとして、最もよいものを、1・2・3・4から一つ選びなさい。

「100歳まで生きたかったら、何をしますか」という質問に、「長生きしている人に長寿（※1）の秘訣（※2）を聞く」と答える人がよくいます。では、100歳を超えた人が「毎食、みそ汁を飲む」と言ったら、それを信じて毎食みそ汁を飲みますか。長生きの理由はみそ汁だけでしょうか。その人は、ただ長寿の家系に生まれただけかもしれません。現在のように医療の発達していない時代に、結核などの感染症にかからずに来られた、運のよい体質だったのかもしれません。もちろん、長寿の秘訣を聞くのもいいかもしれませんが、同じようにしていれば自分も長生きできると考えるのは、単純すぎるのではないでしょうか。

（※1）長寿：長生きすること
（※2）秘訣：人に知られていない、特別ないい方法

1 筆者がここで最も言いたいことは何か。

1　長生きしたければ、100歳を超えた人を見習って、同じような生活をするとよい。

2　長生きすれば豊かな人生を送れるというものではない。

3　長生きするには食生活の改善だけではだめで、医療の助けも必要だ。

4　長生きできるかどうかには、生活習慣だけではなく、体質も関係している。

件名：「キッズエプロンA20」在庫切れのご連絡　　　↰返信

中村剛様

3月30日付けの「キッズエプロンA20」5枚のご注文、誠にありがとうございました。

しかし、同品（どうひん）は現在在庫を切らしているため、大変申し訳ございませんが、今回のご注文をお受けできなくなってしまいました。
急いで製造元に確認いたしましたが、あいにく、製造元でも在庫を切らしており、ご注文の数を揃（そろ）えることができませんでした。

今回ご注文の商品は1ヵ月後の4月30日には入荷（※1）予定ですので、よろしければ中村様のご注文分を優先的に（※2）確保（※3）いたしますが、いかがいたしましょうか。

ご一報（いっぽう）いただければ幸（さいわ）いです。

株式会社円蔵　販売部
高木勝
takagi@enzo.co.jp

（※1）入荷：商品が店などに入ること
（※2）優先的に：ほかの客より先に
（※3）確保：確実にとっておくこと

___1___　このメールが最も伝えたいことは何か。

1　今回の注文に応じられないこと
2　今後も注文してほしいこと
3　在庫が少ししかないこと
4　日頃から感謝していること

問題8 次の文章を読んで、後の問いに対する答えとして、最もよいものを、1・2・3・4から一つ選びなさい。

　新しいことばが若い人びとの間で流行したとき、親や年輩（ねんぱい）の人びとはそのことばが通じないと軽いショックを受けます。ただ世代のギャップを感じたというだけでなく、ことばが通じなくなるかもしれないという恐怖（きょうふ）があるからで、時代の違い（ちが）を感じとってしまうからです。なぜなら、ことばが通じることこそ、現代という共通の時代を生きている同時代人のあかし（※1）だからです。

（阿部謹也『自分のなかに歴史をよむ』筑摩書房による）

（※1）あかし：確かであることを示すもの

1 筆者は、年輩（ねんぱい）の人が新しいことばの流行にショックを受けるのはなぜだと言っているか。

1　意味のわからないことばを聞くことは不安だから。
2　若い人と同じ時代に生きていないように感じるから。
3　世代のギャップがないほうがいいと思っているから。
4　時代の流行がわからないことが怖いから。

問題9 次の文章を読んで、後の問いに対する答えとして、最もよいものを、1・2・3・4から一つ選びなさい。

　深海魚の捕食行動には、その環境に適応した独特の様式が見られる。それは、彼らが、暗く、水温も低く、えさの量も少ないという悪条件に暮らしているからだ。

　えさとなる生物を見つけたりおびきよせたりする（※1）ために、体の一部を発光させるのは、その代表的な方法だ。ほかにも、①積極的に泳いでえさを探すのではなく、待ち伏せ（※2）する方法もある。それは筋肉の量を減らし、必要以上に動かないでいれば、体力を使いすぎず、生存に有利になるからだ。そのうえ、目立たないようにじっとしていれば、えさを追い求めて動き回る天敵（※3）に会う危険もかなり減るのだ。

（※1）おびきよせたりする：だまして近くに来るようにしたりする

（※2）待ち伏せ：相手が来るのを隠れて待つこと

（※3）天敵：その生物を食べる他の生物

　1　①積極的に泳いでえさを探すのではなく、待ち伏せするのはなぜか。

1　あまり動き回ると、えさとなる魚に気づかれてしまうから。

2　暗い深海では目がよく見えず、危険にあいやすいから。

3　骨や筋肉の量が減り、あまり長く泳ぐことができないから。

4　エネルギーが節約でき、他の魚に食べられる可能性も低くなるから。

3分　問題10　次の文章を読んで、後の問いに対する答えとして、最もよいものを、1・2・3・4から一つ選びなさい。

美容マガジン　5月号　特集①

腰痛改善ストレッチ

ストレッチは1日1回でもOK。初めはできる回数だけ行い、徐々（じょじょ）に増やしていきましょう。

ひざ抱え
〜背中から腰を伸ばすストレッチ〜

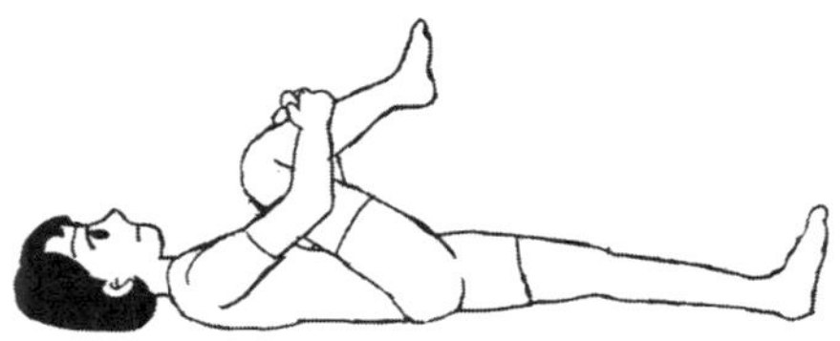

まず、あお向け（※1）に寝て、両足をそろえてひざを立てます。両手で右ひざを抱え、胸のほうに引き寄せ、10秒間そのままにしてください。このとき、背中と床にすき間ができないようにしましょう。反対側も同様に行ってください。

次に、両手で両ひざを胸に抱え、体にぐっと近づけ、10秒間そのままにしてください。ポイントは、腰からお尻にかけての筋肉が伸びているのを意識することです。

（※1）あお向け：顔や体の前面が上を向いていること

1　　ひざを抱える順番はどうなるか。

1　両ひざ　⇒　右ひざ　⇒　両ひざ
2　右ひざ　⇒　両ひざ　⇒　左ひざ
3　右ひざ　⇒　左ひざ　⇒　両ひざ
4　両ひざ　⇒　右ひざ　⇒　左ひざ

　もし将来、日本語を習得しない日本人が増えてきたら、日本語は滅び行く言語、危機言語への道を歩むことになる。二十一世紀には地球上のかなりの言語が失われるだろうと予測されている。言語の絶滅は、最後の話し手が死ぬことではない。その前に、使う話し相手がいなくなったときに、コミュニケーション手段としての機能は終わる。それ以前に、若い話し手がいなくなったときに、絶滅が予告されたことになる。

（井上史雄『日本語は生き残れるか　経済言語学の視点から』PHP研究所による）

___1___　筆者は、言語が絶滅するときはどんなときだと言っているか。

1　その言語の話し手が一人もいなくなったとき
2　その言語を使う人が年寄りばかりになったとき
3　その言語で話す相手がまったくいなくなったとき
4　その言語の話し手が若者ばかりになったとき

 問題12　次の文章を読んで、後の問いに対する答えとして、最もよいものを、1・2・3・4から一つ選びなさい。

　　ビジネスでアポイント（※1）をとる際は、電話かメールで目的を伝え、日時や所要時間を相手の都合に合わせ決めます。訪問人数も告げます。メールをしてから電話するほうが親切です。候補日を何日か書いておくとスムーズでしょう。

（中略）

　　個人宅も、メールをしてから電話がよいでしょう。即答（※2）ではなく考える時間を与えることができるからです。嫌な場合は、相手は断る口実（※3）を考えられます。メールが分からなければ、手紙かはがきに「こういうことで伺いたいのですが、ご都合はいかがですか。○○ごろ電話でご連絡します」と書くと丁寧です。

（岩下宣子「訪問の約束、即答は迫らずに」2010年12月11日付け日本経済新聞による）

（※1）アポイント：人と会ったり、会議をしたりするための約束や予約
（※2）即答：質問にすぐ答えること
（※3）口実：ごまかしたり言い訳をしたりするのに使う理由

1 　筆者は、アポイントをとるとき、メールをしてから電話するのがよいのはなぜだと言っているか。

1　電話がかかってくるまでの間に、いろいろと検討できるから。
2　メールで知らせておくと、時間や人数を間違えにくいから。
3　電話する前にメールをしたほうが、アポイントをとりやすいから。
4　メールなら、相手が留守でも情報を届けることができるから。

6分 問題1　次の文章を読んで、後の問いに対する答えとして、最もよいものを、1・2・3・4から一つ選びなさい。

　ヒトが他の動物と最も異なっている点として、火が使えるということが挙げられる。火によって、ヒトは他の動物から身を守り、夜間に活動することも可能になった。

　人類が火を手に入れたのは、約100万年前のことだと推定されている。火の利用でその後の人類の進化に大きな影響を与えたのは、料理ができるようになったことであろう。当時、ヒトが食べられる食材の種類は非常に少なかったが、生で食べられないものを煮たり焼いたりすることで、次第にそれは増えていった。

　①料理して食べることは、ヒトの身体に変化をもたらした。例えば、ゴリラは主に植物を食べているが、十分な栄養を取るためには一日に大量の植物を食べなければならない。生の植物は固いので、それをかむためにはほおの筋肉を強くする必要があった。その影響で、脳を覆う頭蓋骨（※1）はあまり大きくならなかった。一方、ヒトは、調理されて柔らかくなった食物を食べるようになり、歯やあごは小さく、食べ物をかむための筋肉は弱くなっていった。その反面、頭蓋骨は大きくなり、のどの発声器官も発達したと考えられている。このように、人類は身体を発達させ、思考や言語を手に入れることができたのだ。

（※1）頭蓋骨：頭の骨

1 筆者は、火を使うことによって人類は何ができるようになったと言っているか。

1　魚や動物を捕りやすくすること

2　栄養のある野菜を育てること

3　食べられるものを増やすこと

4　使いやすい道具を作ること

2　①料理して食べることは、ヒトの身体に変化をもたらしたとして、筆者が挙げていることは何か。

1　固い物を食べない分、骨が弱くなくなった。

2　あごが大きくなって、声が出せるようになった。

3　他の動物よりも脳が発達した。

4　栄養がとりやすくなり、体が大きくなった。

問題2　次の文章を読んで、後の問いに対する答えとして、最もよいものを、1・2・3・4から一つ選びなさい。

「〜道」と名の付くものはいろいろありますが、私が数年前から習っているのは、茶道です。ちょっと苦い緑の粉を、決められた作法（※1）に従って味わい、楽しむ。茶道のけいこは、自宅で気楽にいれたお茶を飲むのとは違った時間の流れるひとときです。日常にない、独特なほどよい緊張感が、気持ちをリフレッシュさせてくれます。

お茶の先生に聞かれたら怒られてしまうかもしれませんが、作法というのは、やはり面倒なものでもあります。茶道の魅力は、茶室に流れる非日常的感覚だけではありません。お抹茶の色や味や香りだって、魅力の一つです。このおいしい薄緑を、もっとカジュアルに楽しめないものか……。仕事の休憩時間にお抹茶がいただけたら、どんなにリラックスできるだろうか……。

そこで私は、最近ある工夫をしています。茶道の道具を、すべてオフィスの戸棚に置いておくのです。職場でさっとお茶を点て（※2）、薄緑の魅力を仕事仲間と共有。以前は普通のお茶の葉っぱを職場に置いておいたのですが、お抹茶なら葉っぱを捨てたりしなくていいので便利だということに気づいてからは、①この方法にはまって（※3）います。お抹茶は飲み物なのですから、おいしく飲めることが大事に決まっていますよね。

（※1）作法：物事の決まったやり方
（※2）お茶を点て：お茶をつくって
（※3）はまって：熱中して、自分の好みにぴったり合って

1 ①この方法とは、どんな方法か。

1 普通のお茶の葉っぱをオフィスに置いておく。
2 抹茶の粉を持ち歩く。
3 茶道の作法を仕事仲間に教える。
4 オフィスで気軽に抹茶を作って飲む。

2 筆者が抹茶を楽しむうえで最も重視しているのは何か。

1 抹茶の味
2 自宅で飲むこと
3 非日常的な感覚
4 けいこの通りにすること

問題3　次の文章を読んで、後の問いに対する答えとして、最もよいものを、1・2・3・
4から一つ選びなさい。

　　片手に荷物を持っていたり、自転車のハンドルを握っていたり、傘をさしていた
りして、片手がふさがっている（※1）とき、ろう者はもう一方の手だけで話をします。
また、自動車を運転しているろう者が、片手でハンドルを握り、片手で手話を話す
ことがあります。ちなみに、後部座席のろう者の返事は、ミラーで見ています。

　　手話には、その語や文の特徴が何重にも（※2）織り込まれて（※3）いて、一部分が
欠けても全体を理解することができるという特徴があります。これを冗長性と言
いますが、①その性質のおかげで、両手による百パーセントの表現でなくても、見
て分かるのです。もちろん、そのときに、手話特有の表情や視線、口の形や動きな
ど、手以外の要素が重要な役割をもっています。

　　ときには、片手すら使わず、表情だけで会話が進んでいくことがあります。視線
をチラリと（※4）向けるだけで「ほら、あの人／あそこ」と言ったり、ほっぺたの
内側を舌でこすって「ウソだよ」と言ったりするなどです。両手に荷物を持ってい
るときなどは、アゴを引いて眉を上げ、相手をじっと見ることで「ほんとに？／
え？」と聞き返したり、（パ、パ）と口を開いてうなずくことで「終わった」と答
えたりします。

　　　　　　　　　　　　　　　　　（亀井伸孝『手話の世界を訪ねよう』岩波書店による）

（※1）ふさがっている：空いていない

（※2）何重にも：いくつも重なって

（※3）織り込まれて：（糸で模様を作るように）いろいろなものが入って

（※4）チラリと：一瞬

1 ①その性質は何を指しているか。

1　一つのことを表すのに、いくつも語が必要なこと
2　一つの表現に複数の意味が含まれていること
3　同じような意味を含む部分が複数あること
4　文の一部がよく省略されること

2 ろう者が、コミュニケーションの際に手を使えないときに、**使わないもの**はどれか。

1　声
2　くちびる
3　目
4　顔の向き

問題4 次の文章を読んで、後の問いに対する答えとして、最もよいものを、1・2・3・4から一つ選びなさい。

　読者諸兄（※1）の中には経済問題には詳しい方がたくさんいらっしゃると思いますが、服の色と景気には密接な関係があるという事をご存じでしょうか。

　以前、ある研究所が長年にわたって調査してきたデータを拝見したことがあります。それは、服の色と日本の景気との関係性を調べたデータでした。街を歩いている人の中で、黒い服を着ている人の出現率（全身真っ黒でなくても、1枚でも黒い服を着ている人の割合）が高い時は不景気であり、低い時は好景気であるというものです。

　私は昨年2月のこのコーナーで、「今年は不景気だから黒が流行る」と書きましたが、①見事昨年の秋冬ファッションは「黒」に占領された（※2）ぐらいの勢いで流行していました。実際に昨年の秋冬は心理的な不景気感のピークだったのではないでしょうか。（中略）

　今はどうかと言うと、ギャルと言われる若いおしゃれコンシャスな（※3）女性達のファッションが明らかに変わってきました。黒が減って白やベージュ、白地に花柄プリント等、黒ではない色が増えてきています。

　ギャルと不景気はあまり関係ないのではないかと思われる方も多いでしょうが、そうでもないのです。

（平井義裕「ギャルが『黒』を脱ぎ始め、不況心理弱まる」
2010年3月23日付け 読売新聞社YOMIURI ONLINE による）

（※1）読者諸兄：読者の皆さん
（※2）黒に占領された：黒ばかりになった
（※3）おしゃれコンシャスな：おしゃれを強く意識した

1 ①見事は、何のことを言っているか。

1　ギャルと言われる女性達のファッションセンス

2　黒の秋冬ファッションがおしゃれだったこと

3　筆者が書いた記事が流行をつくったこと

4　筆者の予測が現実になったこと

2 筆者は、今の景気はどうだと考えているか。

1　昨年ほど悪くない。

2　昨年より悪化している。

3　昨年と同じぐらいである。

4　一番良かった時と同じくらいである。

問題5　次の文章を読んで、後の問いに対する答えとして、最もよいものを、1・2・3・4から一つ選びなさい。

　　日本の伝統のなかにはたしかに議論をする習慣がない。議論が下手です。だいたいみんな同じ意見になるのがいいと思い、意見の違う人は敵だとなりがちです。

　　日本の共同体の伝統にはいい面と悪い面がある。みんなが協力して同じ目的を追求するために、自分だけを主張しないのはいいことでしょう。他方では、どうしても意見の違う人が村八分(※1)にされる。意見の違う人を受け入れることがなかなかできない。それがもっと極端(※2)になると、意見を表明すること自体がそもそもあまり望ましくないということになります。したがって、論争しない。論争すると敵・味方になる傾向が強い。これはわるい面です。

　　ヨーロッパ社会では論争が多い。米国でも日本よりは多い。それはあらゆるところにあらわれています。たとえば英国の放送局BBCが、政治問題に限らず、どういう問題でも座談会(※3)みたいなことをするときには、みんな異なる意見をもってかなり激しい論争をします。論争というのは相手を怒鳴りつけることではなくて、自分の議論を展開して、これこれしかじかの理由でこう考えるという主張をすることです。反対側の人もそう言って、お互いに根拠を挙げて意見を戦わせる。日本のTVの座談会では、だいたいみんな同じことを言うか、怒鳴りあうかどちらかになる。

（加藤周一『日本はどこへ行くのか』岩波書店による）

（※1）村八分：仲間に入れないこと
（※2）極端：普通の程度から大きくはずれていること、偏ること
（※3）座談会：座って話し合いをする集まり

| 1 |　筆者は、「論争」とはどのようなものだと説明しているか。

1　反対意見を述べたり批判したりすること
2　自分と意見の異なる人と理解し合うこと
3　自分の意見を変えずに主張を続けること
4　互いに理由を挙げて自分の意見を主張すること

| 2 |　筆者は、日本の共同体の伝統にはどんな欠点があると言っているか。

1　多数の意見が大きく取り上げられ、少数の意見が注目されない。
2　自分の立場をはっきりさせることは好まれず、あいまいな話しかしない。
3　同じ目標に向かうことが多く、異なる考えを認めない。
4　ヨーロッパ社会の良いところを学んで吸収する姿勢がない。

問題6　次の文章を読んで、後の問いに対する答えとして、最もよいものを、1・2・3・4から一つ選びなさい。

　　怒りは、喜びや悲しみと同じように、人間の基本的な感情として、その働きやメカニズムが研究されてきた。最近では、人間の健康を害するものという観点からも捉えられるようになってきている。例えば、怒りと心臓病の関係について検討した研究によれば、高血圧を伴う心臓病の患者には怒りやすい性格の人が多いという傾向があるそうだ。また、怒りという感情が神経や免疫（※1）システムに影響を与え、それが心臓病になるリスク（※2）を高めているのではないかという報告もある。

　　怒りと健康の関係が注目されるようになったのは、病気に対する社会の考え方が変わってきたからだろう。高齢化により、社会全体で負担する医療費の問題もばかにならなくなってきた。患者個人だけではなく、国や保険会社が負担する医療費も増えてきたのだ。これを抑えるためには、病気を予防することが一番である。食事や睡眠といった生活習慣に気を配ることで病気を予防することはよく知られているが、現代ではさらに、様々な研究結果から、個人の性格や考え方の傾向といった心理的要因も健康に影響することがわかってきた。こうして、心理学や医学の分野において、怒りという感情と健康の関連性を考えるようになってきたのである。

（※1）免疫：体内に入った病気の菌などに、体が自然に抵抗すること
（※2）リスク：危険

| **1** | 筆者が、怒りは健康に影響を与えると言っている理由は何か。 |

1　多くの人が注目しているから。

2　実際の研究報告があるから。

3　怒りやすい人の病気を自分で調べたから。

4　保険会社が医療費を出すようになったから。

| **2** | 筆者は、怒りと健康の関係が注目されるようになったのはなぜだと言っているか。 |

1　病気を予防して医療費を抑^{おさ}えるのがよいと考える人が増えたから。

2　医師は患者の病気の原因を正確に理解する必要があるから。

3　心臓病の治療のヒントが得られるから。

4　国や保険会社から研究のためのお金が出るから。

　　警察庁によると、刑法犯（※1）で逮捕、書類送検（※2）などされた少年少女は近年
減少傾向にあり、2009年は前年比0.8％減の9万282人。少子化の影響もあってピー
クの1983年の半分ほどになった。しかし、一方で、再び罪を犯す再犯率は98年から
右肩上がりで増え続け、09年は過去最高の31.3％に達した。不良グループとの付き
合いが続き、きちんとした生活を築けないまま再び非行に走る（※3）ケースが目立
つという。

　　各警察はこれまで、少年側から持ちかけられた（※4）場合は相談相手になるなど
していたが、今後は①受け身の姿勢を改め、「出前型」と称して（※5）積極的に関係
をもつよう方針転換する（※6）。問題が残り、将来に不安を感じるケースについて、
保護者らの了解を前提に、所轄署（※7）の少年担当の警察官や地域のボランティア
らが連絡をとる。保護者と相談した上で「学校を休まず通えるようになる」「まじ
めに仕事を続けるようになる」といった目標を設定。電話やメール、家庭訪問など
を通じて励まし、相談に乗るという。また、他の人からほめられたり感謝されたり
する経験が立ち直りのきっかけになるとして、ごみ清掃などのボランティア活動や
老人ホームへの慰問（※8）にも誘う。

（五十嵐透「少年の再犯防止へ『脱・受け身』　警察官が個別サポート」
2010年12月16日付け 朝日新聞デジタル による）

（※1）刑法犯：法律に違反する犯罪を行った犯人
（※2）書類送検：事件について調べた書類を裁判のために送ること
（※3）非行に走る：少年や少女が、社会のルールや法律に違反するようになること
（※4）持ちかけられた：話を受けた
（※5）称して：名前を付けて
（※6）方針転換する：目標ややり方を変える
（※7）所轄署：その地域を担当する警察
（※8）慰問：見舞いをして元気づけること

<u>1</u>　①<u>受け身の姿勢</u>とは、どのようなことか。

1　再犯を防げないこと

2　不良グループとの付き合いを許すこと

3　法律の問題点を変えようとしないこと

4　相談や依頼がなければ、少年に関わろうとしないこと

<u>2</u>　再犯を防ぐために、警察が積極的に力を入れるようにしたことは何か。

1　少年が学校を休まないように、行動を細かく管理すること

2　ボランティアの協力を得て、少年たちに職業訓練をすること

3　みんなで少年を元気づけたり、少年の悩みを聞いたりすること

4　少年に、犯罪がいかによくないかを教えること

 問題8　次の文章を読んで、後の問いに対する答えとして、最もよいものを、1・2・3・4から一つ選びなさい。

じつは、私たち自身も見えていないことに気づかないことがある。「見えないことに気づかない」というのは、ごくふつうのことなのだ。

たとえば、この本を読んでいるときの眼球運動。改行して次の行の文章を読むとき、私たちの頭の中では、①あたかも文章がつながっているかのように感じている。しかし、行の最後と次の行のはじめとは距離がある。この距離はどこに飛んでいってしまったのだろう。

読書中の眼球運動を実際に計測してみると、ふつうに文字を読んでいるときは読みの速さに合わせたゆるやかな眼球運動が、そして改行のところで、非常に急速なサッケードと呼ばれる眼球運動がおこっているのが観察される。

重要なことに、サッケード中、眼に入った映像は見ることができない。もし見えたとしたら、あまりにも速い眼球の動きに、本を読む前に気もち悪くなってしまうことだろう。サッケード中の映像だけ切り捨てられ、サッケード前後の映像がつなぎ合わされて見えているのだ。

つまり、眼に入った映像すべてが見えているわけではないのである。

（山口真美『視覚世界の謎に迫る　脳と視覚の実験心理学』講談社による）

60

1 ①あたかも文章がつながっているかのように感じているのはなぜか。

1　眼が、文章がつながっていると勘違いするから。

2　改行中は無意識に眼を閉じているから。

3　文章の改行部分も脳が映像にするから。

4　眼が特殊な動きをするから。

2 この文章の内容と合うものはどれか。

1　文章を読むとき見えない部分があると、気分が悪くなる。

2　文章を速く読むには、眼の動きも速くするとよい。

3　眼球運動には、一定の速さを保つ性質が見られる。

4　脳は、見なくてもいい情報を見ないようにしている。

問題9　次の文章を読んで、後の問いに対する答えとして、最もよいものを、1・2・3・4から一つ選びなさい。

　　なかなか考え込む性質にあるので、生きることをしんどい（※1）と思うことも多い。

　　こういう自分が今こうやって生きているのは、大袈裟にではなく、小説のおかげだと思っている。人によっては、それが素晴らしい漫画であったり、演劇であったり、音楽だったり、映画だったりもするだろう。

　　僕は常に空腹であるように言葉を求めて、その言葉を自分の中に入れ、そこから自分なりに考え、言葉によって自分を守るように生きてきた。それは何も僕に言語のセンスがあったとか、頭が良かったとかいうわけではなく、わからないものは繰り返し読んできたからである。学生の時は、背伸びして色々なものに触れた。①そうしないと、逆に生きていけない気がした。

　　学生の自殺の報道や、破滅（※2）を選んでしまう人達の報道を見る度に、色々思う。人生に絶望を感じるのは仕方ないと思う。誰もが明るく生きられるわけではない。家族も友人も学校も会社も助けにならない場合、しかしこの世界には、文化というものがある。文化は、すべての人間に対して、平等に開かれている。商業ベースに乗った（※3）安易なものが溢れているからなかなか見つけにくい世の中だけど、自分を強く揺さぶり（※4）、救ってくれるようなものに出会えた時、もう1回生きてみようと思うことは、確かにある。

（中村文則「文化も救ってくれる」2009年2月21日付け産経新聞による）

（※1）しんどい：疲れて苦しい
（※2）破滅：人間や人生、家、国などがまったくだめになること
（※3）商業ベースに乗った：利益を得るための
（※4）揺さぶり：感動させて

| **1** | ①<u>そう</u>は何を指しているか。

1　少し難しい本を読んで、自分の知らない言葉をたくさん得ようとしたこと
2　映画や演劇を見て自分を励ましたこと
3　新しいことにチャレンジして、たくさんの経験をしたこと
4　さまざまな資料を使って、徹底的に調べたこと

| **2** | 筆者が考える「文化」の働きは何か。

1　人間社会を平等にすること
2　経済を発展させること
3　学生に背伸びをさせること
4　生きる力を与えること

　あなたはなぜ笑うのか、と問われたら、面白いと思ったからと答えるだろう。昔の哲学者アリストテレスは、笑うのは人間だけであると考えた。古代ギリシャの時代から、笑うことで気分が良くなるといった心理的な効果が指摘されていたらしい。

　心理的な効果ではなく、身体的特徴を考えると、笑いは空気を吸ったり吐いたりするときに生まれるもので、呼吸と同じような現象である。近年、人間だけでなく、霊長類（※1）にも笑いのような現象があることがわかってきた。彼らは、追いかけたり取っ組み合ったりして遊んでいるときに、大きく口を開けて相手に歯を見せることがある。①このような行為は基本的に攻撃意図を示すが、遊んでいる状況では反対に、その意図がないことを示すメッセージになる。

　しかし、人間の笑いは霊長類とは異なり、様々な社会的意味を持っている。相手の言ったことが面白いから笑うというように、笑いは他者とのかかわりの中で起こる。笑うことは相手への共感（※2）を示し、その場を明るい雰囲気にする。音声言語の最初のかたちは笑い声だと言う人もいる。現代と同じように人類の初期から笑いがコミュニケーションの道具として使われていたと考えると、その意見もおかしなものではないだろう。

（※1）霊長類：動物の分類の一つで、ヒトやサルの仲間
（※2）共感：他人の考えや感情を、自分も同じだ、その通りだと感じること

1 ①<u>このような行為</u>とは何か。

1　追いかけたり取っ組み合ったりすること
2　大きく口を開けて、相手に歯を見せること
3　息を深く吸って、大声を出すこと
4　相手を攻撃する意図を示すこと

2 筆者が言いたいことに合うものはどれか。

1　人間が社会生活をするうえで、笑いは多くの役割を持ってきた。
2　言語が生まれる要因となったのは、笑い声である。
3　人間の笑いと霊長類の笑いは役割が似ている。
4　笑いは人間だけのものではないという観点を持つべきである。

（6分）問題1　次の文章は、「山小屋トイレ」の廃止に関するＡとＢの意見である。二つの文章を読んで、後の問いに対する答えとして、最もよいものを１・２・３・４から一つ選びなさい。

山小屋トイレ整備助成金の廃止

　先月５日、環境局が事業（※１）見直しを行い、山小屋に設置されているトイレの整備などを補助する「山岳（※２）環境浄化事業費助成金（※３）」の廃止を報告した。これを受けて、関係者からさまざまな声が挙がっている。

A

　日本の山小屋は民間企業による経営が多いが、公共性は極めて高いと思われる。山小屋は遭難防止や登山道の整備など、登山者の安全にかかわる役割も担っているからだ。だから、民間経営であっても国の補助を必要とするのである。

　近年登山者数がますます増加している。トイレの不整備によって、用を足したあとのトイレットペーパーが山に放置されることになり、環境への負担も心配される。山の環境保護、美しい景色の保持のためにも、助成金は必要である。

　環境浄化の費用は利用者負担という声もあるが、従来の登山者のトイレ使用料だけでは赤字で、トイレの修理すら行う余裕はない。トイレの不整備がもたらす、山の貴重な植生（※４）への影響や河川の汚染を考慮し、今一度、山は国民全体の貴重な財産だと考え直してほしい。

B

　街の公園のトイレには公共性があるが、登山者しか利用しない山岳地帯のトイレにまで公共性を認める必要はあるのだろうか。それに、山小屋はほとんどが民間企業による経営であるのだから、国費を投入する（※５）のはおかしい。

　山小屋のトイレの整備によって利益を得られるのは利用する登山者のみなのだから、利用者に料金を払ってもらう利用者負担を徹底するべきだ。

　環境保全は必要だが、助成金を出すよりも、携帯トイレ（※６）の普及などを盛り込んだ新事業に力を入れるべきだろう。また、一日あたりの入山者数を制限するなど、ほかにもできる対策はあるはずだ。

（※1）事業：社会のために行われる大きな仕事
（※2）山岳：高く険しい山が集まっているところ
（※3）助成金：公的な事を助けるために、国や県が出すお金
（※4）植生：ある場所に集まって生えている植物
（※5）投入する：何かをするために、お金や人の力を使うこと
（※6）携帯トイレ：用を足したものを持ち帰れるごみ箱のようなもの

<table>
<tr><td>1</td></tr>
</table>

1　ＡとＢで、意見の違いがあるのは何についてか。

1　トイレの使用料金の支払者について
2　山小屋トイレの公共性について
3　環境保護の必要性について
4　登山者数の増加について

2　ＡとＢはどのような立場をとっているか。

1　ＡもＢも、助成金の廃止に賛成
2　ＡもＢも、助成金の廃止に反対
3　Ａは助成金の廃止に賛成だが、Ｂは反対
4　Ａは助成金の廃止に反対だが、Ｂは賛成

A

　　月刊『文芸いろは』連載中_{（※1）}から読者に絶賛されていた_{（※2）}『R』が、つい
に全3巻の単行本_{（※3）}となった。
　　物語はまず、沖縄返還_{（※4）}の交渉のかげで、日本とアメリカの間で密約_{（※5）}が
あったというところから始まる。その情報を流した外務省の職員と情報を得た新聞
記者が、のちに罪を問われる。
　　長期取材による大量の証言と資料を得た同著は、政治や新聞社の裏側を細部まで
再現し、読者の真実を知りたいという願望を十二分に満たす傑作である。また、登
場人物の心の動きや沖縄の様子が生き生きと描かれていて、読者を小説の世界にぐ
んぐん引き込む。

B

　　久々の長編である『R』もベストセラーとなった。来春にはドラマ化も決定して
いる。
　　沖縄返還時に日米間で密約があったということが、主人公の新聞記者を通して世
間に広がってしまう。外交問題から、徐々に新聞記者と情報源の人物との男女関係
に移っていく。
　　徹底した取材と多くの資料をもとに書きあげられた本書を読み、著者の真実を追
い求める姿勢に感動を覚えた。沖縄は私の出身地でもあり、また、主人公の新聞記
者という職業も、ジャーナリストの私にとって非常に身近に感じられ、情景が目に
浮かび、緊迫感が手に取るように伝わってきた。ただ、沖縄返還のシーンの描き方
があまりにもありきたりだったことが、残念であった。

（※1）連載中：続けて載せている間
（※2）絶賛されていた：非常にすばらしいと、ほめられていた
（※3）単行本：雑誌やシリーズで出る本ではなく、独立した一冊として発行される本
（※4）返還：元のところや持ち主に戻すこと
（※5）密約：秘密の約束

1 ＡもＢも、どのような構成になっているか。

1　本の内容　　　⇒ 作品の評価 ⇒ その他の情報
2　本の内容　　　⇒ 作品の評価 ⇒ 読者の意見
3　本の背景情報 ⇒ 本の内容　　⇒ 作品の評価
4　本の背景情報 ⇒ 作品の評価 ⇒ 読者の意見

2 ＡとＢについて、正しいのはどれか。

1　Ａは作品を高く評価しているが、Ｂは全体的に批判的である。
2　Ａは読者の存在を意識して、Ｂは自分の感想を中心にして書いている。
3　Ａは特に歴史的資料として、Ｂは特に娯楽作品として、作品を高く評価している。
4　Ａ、Ｂともに、個性豊かな登場人物を作品の最大の魅力に挙げている。

問題3　次の文章は、「自転車の貸し出し」に関するＡ（新聞）とＢ（雑誌）の記事である。二つの文章を読んで、後の問いに対する答えとして、最もよいものを１・２・３・４から一つ選びなさい。

Ａ（新聞）

シェア自転車
丸山市でスタート

丸山市の駅前商店街と電動自転車メーカーＡＢＣの共同で、10月1日より、電動自転車の貸し出しを行う「シェア（※1）自転車」事業（※2）が始まった。利用者は、初回登録料500円と年会費5000円を払えば、2時間につき200円で電動自転車を使うことができる。急な坂道が多い同商店街付近では、今後、電動自転車の貸し出しに大きな需要が見込まれる。

また、丸山市では、商店街を中心とした半径4キロ内のほぼ500メートルおきに駐輪場を設けた。

同商店街は、会員になった人に商店街で使える割引クーポンを提供し、集客を狙（ねら）っている。

Ｂ（雑誌）

自転車共同利用サービス「バイバイバイスクール」白川市で開始

　白川市は、市内20か所に駐輪場を設け、貸し出し用の自転車200台を用意した。自転車は、使用後どこの駐輪場に返却してもよい。市内を走る自動車の数を減らし、CO_2を減らすことを目的とした環境事業の、新たな試みだ。

　初期費用と初年度の運営（※3）・管理費用には国から補助金が出る。2年目以降の運営・管理費用は、利用料と駐輪場に掲示する広告の収入でまかなう（※4）。

　利用には、初回登録料1000円と月会費300円が必要。自転車の使用料は、最初の1時間は無料で、以降2時間ごとに100円と比較的安価なため、今後の利用者の増加や事業の拡大が期待される。

（※1）シェア：みんなで使うこと
（※2）事業：社会のために行われる大きな仕事
（※3）運営：組織やルールが機能するようにすること
（※4）まかなう：限られたお金や人でうまくいくようにする

1　ＡとＢのそれぞれの事業の目的は何か。

1　Ａは自転車の普及、Ｂは自転車の数を減らすこと
2　Ａは商業地域の活性化、Ｂは環境の保護
3　Ａは環境の保護、Ｂは商業地域の整備
4　ＡもＢも、環境の保護

2　「自転車の貸し出し事業」に関して、ＡとＢのどちらでも述べていることは何か。

1　今後、利用者が多くなる。
2　今後、運営費が不足する恐れがある。
3　今後、環境保護が進むことが期待できる。
4　今後、宣伝方法を考える必要がある。

10分 問題1　次の文章を読んで、後の問いに対する答えとして、最もよいものを、1・2・3・4から一つ選びなさい。

　写真の見方が分からない、どういうのが良い写真なのかよく分からない、という人がいます。作品を判断するのに何か①定規のようなものがあって、それを当ててやれば自分の写真の良し悪しが分かるのではないか、というのです。

　一般に、自分が見たものを人に伝える方法には、「言葉で話す」「文章にして伝える」「映像で伝える」の三つがあります。一見、それぞれ別のように見えますが、実は話しているときも文章を読んでいるときも、頭の中には、その内容が映像として浮かんでいます。映像は、話や文章の内容や表現が変わるにつれて、次々と変わってゆきます。言葉で話しているときも文字を読んでいるときも、映像を連想（※1）させているのです。その逆が写真で、写真は、映像から文字や言葉を感じさせてくれるのです。

　筆者は写真展や新聞、雑誌の中で「いいな」と思う写真に出会ったときは、自分はいま写真を見ているのではない、②写真が捉えたその場に立ち会っているのだ、と思うようにしています。人が撮ってきたモノとして、一歩引いたところで鑑賞するのではなく、自分も同じ現場でこのシーンを見ているのだと考えるのです。そうして、画面の中の人の声や周囲の音、匂い、モノの感触（※2）まで想像するのです。

　写真は、単なる紙の上の二次元（※3）の世界で片づけてしまうと、味も素っ気もない（※4）ものになりますが、映像の中に入り込んでみると、まるで生きているように活気づいてきます。いい写真だな、と思ったら忍者のように作品の中にもぐり込む、孫悟空やドラえもんになって自由にその空間と時間を飛び回ってみるのです。

　写真は実際にあった、ある瞬間を記録したものです。まだ見たことのない、めずらしい風景や人びとの生活の場に直接つれていってくれます。古いアルバムを開け、祖父母といっしょに写っている写真にもぐり込むと、子供の頃に戻って祖父母の声が聞こえてきます。

　良い写真とは、そこに写っている世界に入ってみたくなるような、あるいは、知らないうちに、われを忘れて（※5）写真と話し込んでいるような、画面の中からいくつもの言葉が聞こえてくるような写真のことをいうのではないでしょうか。

（石井正彦『気づきの写真術』文藝春秋による）

（※1）連想：関連のあることを思い浮かべること
（※2）感触：手で触れたり、肌に触れたりしたときの感じ
（※3）二次元：立体ではなく、長さと幅だけの広がり
（※4）味も素っ気もない：つまらない
（※5）われを忘れて：夢中になって自分のことがわからなくなって

1　①定規のようなものとは、どういうものか。

1　評価のもとになるもの

2　参考になる作品

3　欠点を直すもの

4　間違いを見つけるためのもの

2　②写真が捉えたその場に立ち会っているとは、どういうことか。

1　写真が捉えた出来事を調べること

2　写真に写っている場所を実際に鑑賞すること

3　写真を撮るときに撮る人と一緒にいること

4　写真に写っている場所に自分がいること

3　筆者が考える「良い写真」とは、どのような写真か。

1　現実の世界を忘れさせてくれる写真

2　見る者に語りかけてくるような写真

3　昔のことを正確に思い出させる写真

4　鑑賞する側の想像力を高めてくれる写真

問題2　次の文章を読んで、後の問いに対する答えとして、最もよいものを、1・2・3・4から一つ選びなさい。

　「読書感想文」をネット検索すると、感想文の既製品が束になってヒットする。「小学生向け」「中高校生向け」「大学生向け」ときめ細かく分類してあるサイトや、定番の『坊ちゃん』『羅生門』『こころ』（※1）などがすぐ見つかるものもある。そのまま書き写せば出来上がり。親切にも、「見つかっても自己責任で」と警告文までついている。

　学校に提出するのに丸写しでは①気が引けるという生徒向けには、（　）の空欄を各自の発想で埋めて完成させる「テンプレート」があり、さらに書名などいくつかの質問に答えると文が出来上がる「ジェネレーター（生成（※2）ソフト）」というイージーオーダー型もある。

　文をネットから書き写したことが見つかり、教師に注意されることも、この世界では計算ずみと見える。“犬も歩けば”風（※3）に検索を続けていくと、コピペ（コピー＆ペースト）が見つかった場合の「反省文」サイトに出くわす（※4）。「二度とこのような不始末（※5）は行いません」式のサンプルがあって、「順序を変えたり、言葉を換えたり、アレンジをして」反省文を書くようアドバイス。悪ふざけと思いつつも、その至れり尽くせりぶり（※6）に、ただ驚くばかりだ。

　（中略）

　子どもの感想文とはいえ、採点する教師も試されている。出来栄えを評価するだけでも大変なのに、ネットからのコピペかどうかを見定めるのは至難の業（※7）に違いない。

　安易に「よくできました」と言えない先生たちも相当多いらしく、ある大学教授がついに “コピペ発見ソフト” を考案した。学生のレポートや論文が、ネット上の文章から書き写したものかどうかをチェックするためのものという。デジタル化された文をこのソフトにかけると、ネット上を走り回ってコピペチェックを行い、全文丸写しか部分コピペか、その割合90％などと判定してくれる。これさえあれば、チェックの手間が大いに省ける。

　しかし、提出された文がコピペと判定された場合、次に先生たちは、その生徒をどう扱うかで、また試されることになる。

　その先は、いうまでもなく、生徒たちの側で「コピペ発見ソフトを打ち破る」サイトが生まれ、②新たなイタチごっこが始まるに違いない。

（今泉哲雄「研究員の目　コピペ全盛、先生は試される」

2010年3月24日付け読売新聞社YOMIURI ONLINEによる）

（※1）『坊ちゃん』『羅生門』『こころ』：いずれも小説のタイトル

（※2）生成：ものができること

（※3）〝犬も歩けば〟風：「何かをすれば、幸運に出会うこともある」という意味のことわざの

　　　　「犬も歩けば棒に当たる」のような感じ

（※4）出くわす：偶然見つける

（※5）不始末：不注意や無責任な行動によって、人に迷惑をかけたり問題を起こしたりすること

（※6）至れり尽くせりぶり：すべてに注意が行き届いている様子

（※7）至難の業：するのがとても難しいこと

1　　筆者がネット検索して見つけた「読書感想文」の作成方法には、いくつのタイプが

　　あるか。

　　1　2つ

　　2　3つ

　　3　4つ

　　4　5つ

2　　①気が引けるとあるが、どういう意味か。

　　1　悪いこととわかって、したくなくなる。

　　2　自分でできなくて、気が沈む。

　　3　格好悪いと思う。

　　4　集中できなくなる。

3　　②新たなイタチごっこが始まるとは、どういうことか。

　　1　対策をしても、その効果がすぐなくなる。

　　2　新しい対策が出てこなくなる。

　　3　コピペをする教師が出てくる。

　　4　コピペを禁止する校則ができる。

問題3　次の文章を読んで、後の問いに対する答えとして、最もよいものを、1・2・3・4から一つ選びなさい。

　40％という低い食料自給率の日本で、まだ食べられるのに賞味期限（※1）切れが近付いたという理由で返品された食品を大量に廃棄している。消費者が賞味期限の表示の意味を理解していない、あるいは食品の鮮度にこだわりすぎる（※2）ことが原因で食品が売れ残ると消費者庁は考え、日付を過ぎても食べられるとPRすることや消費者の意識を改革する啓発（※3）活動を行うという。

　しかし、これだけでは食品の廃棄を減らすには不十分だと私は考える。なぜなら、いくつかの調査によれば、八割前後の人が賞味期限の正しい意味や賞味期限を過ぎた食品を食べても健康上問題がないことを知っているという結果が出ているからだ。

　賞味期限切れの近付いた食品はなぜ売れ残るのか。私の考えでは、原因は賞味期限切れの近付いたものと期限に余裕のあるものが同じ値段で売られていることにある。値段が同じなら、少しでも鮮度の良い、つまり賞味期限に余裕のあるほうを選ぶのは、食品の鮮度を気にする消費者としては当然である。一方、期限切れが近付いたものの価格を下げれば、消費者は新鮮で通常の価格のものと鮮度は少し落ちるが低価格のもののどちらかを選択できるようになる。（中略）

　①値引き販売をすれば賞味期限の近付いた食品の売れ残りは減少するのに、メーカーや小売店はそのことに消極的である。現状では、消費者の安全に配慮して期限切れ間近のものは販売せずに返品・廃棄している。しかし、賞味期限を過ぎても食べられるのだから、それを販売しても何も問題はない。購入した食品を消費者が正しく保存・管理しなかったせいで健康に問題が生じたとしても、それは本人の責任である。また、値引きが恒常化する（※4）と定価で購入する消費者が減少し、ブランドイメージが低下するという考えもあるが、企業の社会的責任という観点からも食品の大量廃棄を続けるのは望ましくない。

　現状ではメーカーや小売店は賞味期限切れの近付いた食品を売ろうという努力をせずに返品・廃棄しているが、それを購入するかどうかを消費者に委ねれば（※5）、売れ残りは減少し、食品の廃棄も減らせるはずだ。それゆえ、消費者庁はメーカーや小売店が返品・廃棄の前に値引き販売を実施するように指導し、消費者が食品を安く購入できるようにすべきである。

（熊倉和幸「賞味期限前食品の廃棄」よみトク小論文講座

2010年12月　読売新聞社YOMIURI ONLINE による）

（※1）賞味期限：おいしく食べられる期限を示す年月日
（※2）こだわりすぎる：気にしすぎる
（※3）啓発：人が気づかないでいることを教え、知識や理解を深めること
（※4）恒常化する：いつものこと、あたりまえのことになる
（※5）委ねれば：任せれば

1 この文章によると、賞味期限切れが近づいたという理由で食品を返品したり廃棄したりしている理由は何か。

1　消費者が食品の値段の安さを重視しているから。
2　消費者が賞味期限の意味を理解していないから。
3　消費者が鮮度のよりよい食品を買う傾向があるから。
4　消費者庁のPR活動が十分でないから。

2 ①値引き販売をすれば賞味期限の近付いた食品の売れ残りは減少するとあるが、どうしてそう考えられるか。

1　消費者は安い物が好きだから。
2　不況のせいで物が売れないから。
3　多少古くても、安ければいいと思う人もいるから。
4　店が利益を保つために、売る食品の量を減らすから。

3 この文章で筆者が言いたいことは何か。

1　メーカーや店は、もっと真剣に食品の安全を考えるべきだ。
2　メーカーや店は、新しくない食品でも販売する工夫をすべきだ。
3　消費者庁は、賞味期限のルールを変えるべきだ。
4　消費者は、鮮度にこだわりすぎるのをやめるべきだ。

　問題4　次の文章を読んで、後の問いに対する答えとして、最もよいものを、1・2・3・4から一つ選びなさい。

　もともと世界中の人々は同じ言葉を使っていた。そして自分たちが地上にちらばってしまうのを防ぐため、統合の象徴として天まで届く高い塔を建設しようと考えた。これがバベルの塔です。

　ところが神は、人間がこのようなことを企てるのはみんなが同じ言葉を話しているせいであり、放っておくとどんなに大それたこと（※1）をしでかす（※2）かわからないと考えて、彼らの言葉を混乱させてたがいに理解できないようにしてしまった、というのですね。世界には3000以上の言語がある、とはじめに申し上げましたが、なぜ言葉がこんなにばらばらになってしまったのかを説明するために、こうした物語が考え出されたのでしょう。

　確かに、地域によってこれだけ多様な言語が使われているというのは、考えてみれば不思議なことでもあり、たいへん不便なことでもあります。もし世界中の言語が統一されたら、どこに行っても誰とでも話せるし、外国旅行も気軽にできるわけですから、どんなに便利だろうと思ったことのある人も少なくないでしょう。実際そうした理念（※3）から、世界共通の言葉として「エスペラント語」という人工言語を作る試みがなされてきたことは、みなさんもご存知だと思います。

　しかし、逆にこう考えてみることもできるのではないでしょうか。もし世界にひとつしか言語が存在しなかったとしたら、これほど変化に富み、これほど魅力的で、これほど豊かな文化が生み出されることはなかったのではないか。言語がばらばらだからこそ、世界にはあんなにも個性にあふれた多彩な文化が形成されてきたのではないか。そして私たちは、それらの文化に触れることで、自分とは異なる価値観、異なる習慣、異なる思想、異なる信仰をもった人たち、つまり①絶対的な「他者」というものが、世界のいたるところで生きているのだという厳粛な（※4）事実にはじめて想いをいたし（※5）、そのことに率直に驚き、心の底から謙虚になることができるのではないか。また、そうした人々と話がしたい、理解しあいたいという、切実な（※6）欲求を抱くことができるのではないか。

　つまり、バベルの塔が挫折（※7）してしまったせいで、確かに世界の人々は別々の言語を話すようになり、簡単にはコミュニケーションがとれない不便な状況に置かれてしまったけれども、逆にそのおかげで、私たちは未知の言語を学ぶ機会を与えられたのであり、それを通して、異文化にたいする関心やあこがれを抱く喜びを与えられたのではないか——むしろそう考えてみるべきなのではないでしょうか。

（石井洋二郎「『星の王子さま』と外国語の世界——文化の三角測量」
東京大学教養学部編『高校生のための東大授業ライブ 純情編』東京大学出版会による）

（※1）大それたこと：常識の範囲から大きく外れていること

（※2）しでかす：大変なことをしてしまう

（※3）理念：物事がどうあるべきかについての基本的な考え

（※4）厳粛な：厳しい、変えられない

（※5）想いをいたし：遠く離れた物事に関心を向けて

（※6）切実な：身近で重大なために、強く感じられる

（※7）挫折：だめになること

1　筆者は、「バベルの塔」の物語が考え出されたのはなぜだと言っているか。

1　人間が自己中心的な存在だということを忘れないため

2　世界に存在する言語が多様であることを理由づけるため

3　同じ言語でわかり合いたいという人間の願望を表現するため

4　自分の知らない言語を学ぶ喜びを伝えるため

2　①絶対的な「他者」とは、どのような人たちか。

1　豊かな文化を作り上げてきた人たち

2　社会的な制約を受けずに生きている人たち

3　自分と全く異なる考え方を持つ人たち

4　仲間として理解することが不可能な人たち

3　筆者は、人間社会に多くの異なる言語が存在することをどう考えているか。

1　多様な文化を作り出し、人々に異文化に対する興味を持たせるきっかけとなった。

2　互いに理解し合いたいという気持ちが強まり、グループを作る国や地域が増えた。

3　言語以外のコミュニケーションの必要から、通信技術の急速な発達の要因となった。

4　他者との交流を困難にさせ、自分たちの文化をより愛するようになった。

6分 問題1　次は、「みどり銀行」のATMの案内である。下の問いに対する答えとして、最もよいものを、1・2・3・4から一つ選びなさい。

みどり銀行のATMなら…

▼全国に約2万5,000台設置

- みどり銀行口座のお預け入れ・お引き出しは、お取り扱いの曜日を問わず手数料0円！
- みどり銀行口座間の送金手数料も0円！
- 通帳だけでも、キャッシュカードだけでも利用できる！
- 他銀行へのお振り込みも、ATMでOK！（1件につき手数料105円）
  ※窓口（手数料210円）よりもお得です。

▼ATMお取り扱い時間

当行のATMは、曜日と設置場所により、お取り扱い時間が異なります。

曜日	みどり銀行内設置ATM	駅・コンビニ設置ATM
月曜日～金曜日	8:00～21:00 ※一部の店舗は7:00～23:00	9:00～19:00 ※一部の店舗は7:00～23:00
土曜日	9:00～19:00 ※一部の店舗は9:00～21:00	9:00～17:00 ※一部の店舗は9:00～21:00
日曜日・祝日	9:00～19:00	9:00～17:00 ※一部の店舗は9:00～19:00

〈ご注意〉

・全国20か所においては、ATMの24時間サービスを試験的に実施しております。24時間サービスを行っているATMでは、23時以降、翌日8時までの間は手数料がかかります。

・他銀行へのお振り込みは、月曜日から金曜日までの15:00以降にお受けした場合、または土曜日・日曜日・祝日にお受けした場合は、翌営業日のお取り扱いになります。

1　午後6時に振り込みをしたい場合、**できない**可能性があるものはどれか。

1　平日に、みどり銀行内のATMから振り込む。

2　土曜日に、みどり銀行内のATMから振り込む。

3　平日に、駅のATMから振り込む。

4　日曜日に、駅のATMから振り込む。

2　手数料がかからない利用方法は、どれか。

1　みどり銀行のATMから、他銀行への振り込みをする。

2　コンビニのATMから、午前0時に送金する。

3　午前7時に、駅のATMでお金を引き出す。

4　みどり銀行の窓口で、他銀行への振り込みをする。

問題2　次は、「ひつじが原エリア」のフリーパスの案内である。下の問いに対する答えとして、最もよいものを、1・2・3・4から一つ選びなさい。

ひつじが原エリア　フリーパス

おトク1：北部線の**往復運賃が割引**！
　　　　　北部線各駅から石島駅間の往復運賃が2割引

おトク2：**JK線ひつじが原フリーエリアが2日間乗り放題**！
　　　　　ひつじが原フリーエリア（石島駅～ひつじが原駅／石島駅～富士見温泉駅）が1200円で2日間乗り放題（※1）

おトク3：ひつじが原のさまざまな施設が**特別料金**！　※下記表参照

対象施設	内容		交通
星の森美術館	入館料　　　大人　　700円 ➡ 500円 　　　　　　小・中学生　500円 ➡ 300円		星の森駅徒歩3分
赤石山ケーブルカー	往復料金　　大人　　900円 ➡ 500円 　　　　　　小児　　500円 ➡ 250円		赤石駅徒歩3分
もみじ川　川下り	料　金　　　　　　　1800円 ➡ 1200円		ひつじが原駅 バス10分
もみじの湯	入湯料　　　大人　　700円 ➡ 500円 　　　　　　小学生以下　400円 ➡ 200円		富士見温泉駅 徒歩15分

※その他、各山小屋ではドリンク一杯無料のサービスがあります。

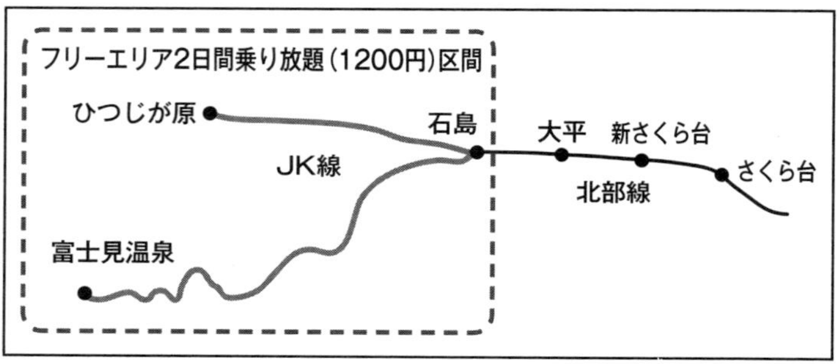

※フリーパスは、乗車の1カ月前より、北部線各駅でお求めになれます。有効期間はご利用開始日から2日間です。なお、払い戻しには手数料がかかります。

※北部線区間（乗車駅～石島駅）のご利用は往復1回限りです。ただし、区間内で途中下車された場合、北部線内での使用は終了となります。

※フリーパスは、最終下車駅で回収させていただきます。

（※1）乗り放題：決められた期間内なら同じ料金で何回も乗れること

1　フリーパスはいつ購入できるか。

1　利用当日
2　利用前日から
3　利用2日前から
4　利用1カ月前から

2　マリアさんは、北部線さくら台駅で乗車したあと、新さくら台駅で一度下車して再び乗車し、JK線石島駅経由でひつじが原駅で下車した。この場合、フリーパスについて正しいのはどれか。

1　石島駅からひつじが原駅までが2割引になる。
2　北部線についてはこれ以上使用することができない。
3　1日目はこれ以上電車に乗ることができない。
4　すべての交通機関において2日目は使用することができない。

問題3 次は、「400リットル前後のサイズの冷蔵庫」を比べた表である。下の問いに対する答えとして、最もよいものを、1・2・3・4から一つ選びなさい。

ポイント	解説
大きさ	ほとんどのメーカーの製品が、幅60cm、高さ179cmです。奥行きには差があり、A社とB社が65cm、その他は70cmです。キッチンの調理台や流し台の隣に冷蔵庫を置く場合は、薄い65cmタイプがおすすめです。
電力消費	年間340〜370キロワットで非常に少ないです。どのメーカーもドアの内側に年間消費電力量を表示しているので確認しましょう。
音	どのメーカーも20デシベル程度です。置く場所によっては、床や壁に冷蔵庫のモーターの音が伝わって響きますので、下にゴムシートを敷くなどして対応しましょう。
冷蔵庫・冷凍庫・野菜室の位置	メーカーによって異なります。 ①上が冷蔵庫、中央が野菜室、下が冷凍庫 　……野菜を使うことが多い方に向いています。 ②上が冷蔵庫、中央が冷凍庫、下が野菜室 　……冷凍食品を使ったり、作った料理を冷凍保存したりすることが多い方に便利です。 ③上が冷凍庫、中央が冷蔵庫、下が野菜室 　……飲み物や調味料の種類や量が多い方に便利です。 ①はすべてのメーカーにあります。現在、②はA社とC社のみ、③はA社とB社のみが生産しています。
内部の収納のしやすさ	A社の製品は棚の仕切り（※1）の数が他のメーカーのものより多いので使いやすいでしょう。C社の製品は棚の高さをレバーで簡単に変えられます。ただし、他社と比べて容量がやや小さいです。

（※1）仕切り：区切るための板のようなもの

1　メーカーによって違いがあるのは、どの点か。

1　高さ、物を入れるところの位置、内部の棚の状況
2　奥行き、音、物を入れるところの位置
3　奥行き、物を入れるところの位置、内部の棚の状況
4　奥行き、電力消費、物を入れるところの位置、内部の棚の状況

2　冷凍食品を使うことが多く、キッチンの調理台と冷蔵庫を並べたい場合は、どのメーカーの冷蔵庫を買えばよいか。

1　A社
2　B社
3　C社
4　どのメーカーでもよい

N2 読解　実戦練習　解答用紙

内容理解（短文）

問題1	①	②	③	④
問題2	①	②	③	④
問題3	①	②	③	④
問題4	①	②	③	④
問題5	①	②	③	④
問題6	①	②	③	④
問題7	①	②	③	④
問題8	①	②	③	④
問題9	①	②	③	④
問題10	①	②	③	④
問題11	①	②	③	④
問題12	①	②	③	④

内容理解（中文）

問 題 1

1	①	②	③	④
2	①	②	③	④

問 題 2

1	①	②	③	④
2	①	②	③	④

問 題 3

1	①	②	③	④
2	①	②	③	④

問 題 4

1	①	②	③	④
2	①	②	③	④

問 題 5

1	①	②	③	④
2	①	②	③	④

問 題 6

1	①	②	③	④
2	①	②	③	④

問 題 7

1	①	②	③	④
2	①	②	③	④

問 題 8

1	①	②	③	④
2	①	②	③	④

問 題 9

1	①	②	③	④
2	①	②	③	④

問 題 10

1	①	②	③	④
2	①	②	③	④

統合理解

問 題 1

1	①	②	③	④
2	①	②	③	④

問 題 2

1	①	②	③	④
2	①	②	③	④

問 題 3

1	①	②	③	④
2	①	②	③	④

主張理解（長文）

問 題 1

1	①	②	③	④
2	①	②	③	④
3	①	②	③	④

問 題 2

1	①	②	③	④
2	①	②	③	④
3	①	②	③	④

問 題 3

1	①	②	③	④
2	①	②	③	④
3	①	②	③	④

問 題 4

1	①	②	③	④
2	①	②	③	④
3	①	②	③	④

情報検索

問 題 1

1	①	②	③	④
2	①	②	③	④

問 題 2

1	①	②	③	④
2	①	②	③	④

問 題 3

1	①	②	③	④
2	①	②	③	④

PART 2

<ruby>模<rt>も</rt></ruby><ruby>擬<rt>ぎ</rt></ruby><ruby>試<rt>し</rt></ruby><ruby>験<rt>けん</rt></ruby>

模擬試験
Mock examinations
模拟考试
모의고사

問 題 1				
1	①	②	③	④
2	①	②	③	④
3	①	②	③	④
4	①	②	③	④
5	①	②	③	④

問 題 2				
6	①	②	③	④
7	①	②	③	④
8	①	②	③	④
9	①	②	③	④
10	①	②	③	④
11	①	②	③	④
12	①	②	③	④
13	①	②	③	④

問 題 3				
14	①	②	③	④
15	①	②	③	④

問 題 4				
16	①	②	③	④
17	①	②	③	④
18	①	②	③	④

問 題 5				
19	①	②	③	④
20	①	②	③	④

N2 読解 第2回模擬試験 解答用紙

問 題 1				
1	①	②	③	④
2	①	②	③	④
3	①	②	③	④
4	①	②	③	④
5	①	②	③	④

問 題 2				
6	①	②	③	④
7	①	②	③	④
8	①	②	③	④
9	①	②	③	④
10	①	②	③	④
11	①	②	③	④
12	①	②	③	④
13	①	②	③	④

問 題 3				
14	①	②	③	④
15	①	②	③	④

問 題 4				
16	①	②	③	④
17	①	②	③	④
18	①	②	③	④

問 題 5				
19	①	②	③	④
20	①	②	③	④

第1回　模擬試験

問題1　次の（1）から（5）の文章を読んで、後の問いに対する答えとして、最もよいものを、
　　　　1・2・3・4から一つ選びなさい。

（1）

災害にもろいとは、災害が起こったとき、大きな被害が発生し、その影響が長く続くという意味で使います。なぜ災害にもろくなるのか、その理由を考えてみましょう。まず、災害は大きなものほどそれほど頻繁に（※1）起こらないことが挙げられます。災害に強いまちづくりや家づくりをしなければならないのに、ついつい災害を忘れてしまうからです。

たとえば、住宅を新築したとしましょう。わが国では、建てたが最後、家の手入れを積極的にやらないのが一般的です。台風で屋根瓦が飛んだり、大雨で浸水して壁土が落ちたりすれば修理します。つまり、雨漏りがしなかったり、目で見て被害がわからなければ、家は補修しないのです。ですから、わが国では住宅は古くなればなるほど不動産価格は急激に下がります。そして、それと同時に災害にもろくなるのです。

（河田惠昭『これからの防災・減災がわかる本』岩波書店による）

（※1）頻繁に：よく

---

1 ｜　筆者は、住宅に関する日本人の傾向について、どう考えているか。

1　普段から細かいところまで手入れをしている。
2　自然災害は防げないものとあきらめ、手入れをしない。
3　素人がいじらないほうが高く売れるので、手入れをしない。
4　実際に被害が出て初めて、手入れをする。

（2）

　　仕事で文章を読む場合は、自分が読みたいとは思っていないものも読まなくては
いけません。かといって、仕事中はゆっくりと読む時間がとれないことも多いでしょ
う。ビジネスの文章の読み手は、あまり労力をかけずに、仕事に必要な情報だけを
手に入れたいのです。

　　ですから、ビジネスの文章を書くときは、読み手に負担をかけないようにするこ
とが大切です。書き手は、内容を正確に伝えることだけでなく、いかに伝わりやす
く書くかに注意しなくてはいけません。

2　筆者は、ビジネスのための文章を読む人はどんな人だと言っているか。

1　読みたくない文章でも読まなければならない人
2　仕事に関係のないことはしたくない人
3　より正確な情報を知りたい人
4　多少の負担があっても多くの情報を得たい人

（3）

> 　ぼくは痛みが嫌いです。それは痛みというものが、単に肉体的な痛みや苦痛であるだけでなく、人間の精神にまで大きな影響をおよぼすものだからです。
>
> 　元気になるための治療なのだから少々の痛みは我慢（がまん）しなさい、というのがこれまでの医療（いりょう）の立場でした。もっと無神経な治療（ちりょう）の現場では患者の痛みそのものが無視（むし）されていたようなケースもありました。
>
> 　病気を治すのだから痛みがあるのはあたりまえだ、というのが暗黙のうちに（あんもく）（※1）常識となっていたのです。（中略）しかし、苦痛によって精神が破れる（やぶ）こともあるのは事実です。痛みは肉体を蝕む（むしば）（※2）だけでなく、人間の心や魂（たましい）までも変形させるものなのです。だから、ぼくは痛みが嫌いです。
>
> 　　　　　（五木寛之『生きるヒント5―新しい自分を創るための12章―』文化出版局による）

（※1）暗黙（あんもく）のうちに：何も言わなくても
（※2）蝕む（むしば）：少しずつだめにする

| 3 | 筆者が痛みを嫌う理由として、最も適切なものはどれか。

1　病気を治すのに伴う痛みが怖いから。
2　体の痛みは心にもよくない影響があるから。
3　病院では患者の痛みが無視（むし）されることがあるから。
4　痛みを我慢（がまん）するのはあたりまえだと考えられているから。

（4）

前略　先日のご指摘の件（けん）、私の注意を欠いた行動により、大家の半田様に大変なご迷惑をおかけしてしまいました。また、ご近所の方に不快な思いをさせてしまい、申し訳なく思っております。心よりおわび申し上げます。

ちょっとした足音でさえ耳ざわりになる（※1）ようなワンルームマンションで、夜中に大勢で騒ぐことがいかに近所迷惑なものかも考えず、お恥ずかしい限りです。深く反省しております。

今後は、部屋で騒いだり大きな音を出したりいたしません。また、部屋に大勢を招くことは控え（※2）、来客があった場合は、常にご近所の方への配慮を怠りません（※3）。

このたびの不始末（※4）、どうかお許しください。

　　　　　　　　　　　　　　　　　　　　草々

令和二年四月五日

半田美香代様

　　　　　　　　　　　　高橋　潤

（※1）耳ざわりになる：聞いていて不快になる
（※2）控え：しないようにして
（※3）怠りません：すべきことをちゃんとします
（※4）不始末：不注意や無責任な行動によって、人に迷惑をかけたり問題を起こしたりすること

4　この手紙の内容として正しいのはどれか。

1　夜中に騒がしくしてしまったことを、大家さんにわびている。
2　大勢を連れてきてしまったことを、友人にわびている。
3　普段から足音がうるさいことを、下の階の人にわびている。
4　静かにしてほしいと注意したことを、近所の人にわびている。

（5）

皆さんは、お米を買ってきたらどのように保存していますか。いちばんよくないのは、買ってきたときに入っていた袋に入れたまま、日光の当たるところに常温で置いておく方法です。これだと１カ月ぐらいでおいしくなくなってしまいますので、お米は密閉できる入れ物に入れて、冷蔵庫で保存するのがおすすめです。しかし、冷蔵庫でも３カ月ぐらいで味が落ちてきてしまいます。これは、お米に含まれるアミラーゼという物質が減ってしまうことによります。お米も生鮮食品（※1）と考えて保存したほうがいいですね。

（※1）生鮮食品：新鮮であることが求められる食べ物

5 　筆者が、お米をおいしく食べる方法として**挙げていない**のはどれか。

1　涼しいところに入れておく。
2　光が当たらないところに置いておく。
3　アミラーゼを多く含むお米を選ぶ。
4　完全に閉められる容器に入れる。

問題2　次の（1）から（4）の文章を読んで、後の問いに対する答えとして、最もよいもの
　　　　を、1・2・3・4から一つ選びなさい。

（1）

　　2000年から2001年にかけて、全国紙として有名な新聞が、基本の活字を少し大き
なものに変えました。地方紙も同じだったと思います。高齢者人口の増加が原因で
しょうが、新聞を読む人の総数の中で、老眼鏡を必要とする人の割合が増えたから
です。

　　新聞だって「お客様は神様」でしょうから、その「神様」のニーズに沿って紙面
を変えるということは、とうぜんのことです。その案内の記事では、これまでの活
字と新しい活字を比較して、いかに①見やすくなったかがしめされていて、わかり
やすく納得できるものでした。そして、各社ほとんど同じことを書いていたと思い
ますが、紙面の大きさは変えないわけだから、「文字が大きくなった分、文字数を
減らさねばなりません。そこで、記事は要点をおさえ簡略化して適切化をはかる」
というような説明になっていました。なるほどと思う一方、これまではそうでなかっ
たのかなとも思いました。

　　大きな活字の本も出まわるようになってきました。とくに辞書は同じ内容で同じ
デザインで大きな版のものが出て、老眼鏡なしでも利用できるとありがたがられて
います。ただサイズが大きくなった分、大きく重いという欠点もありますが、その
快適さに換えられないという人には問題になりません。

　　　　　　　　　　　　　　（光野有次『みんなでつくるバリアフリー』岩波書店による）

6　①<u>見やすくなった</u>一番のポイントは何か。

1　文字の形
2　文字のサイズ
3　文字の太さ
4　漢字の割合

7　この文章によると、活字を大きくしたことによって、新聞と辞書はどのように変わったか。

1　新聞も辞書も、サイズが大きくなった。
2　新聞も辞書も、内容が見直された。
3　新聞はサイズが大きくなり、辞書は内容が見直された。
4　新聞は内容が見直され、辞書はサイズが大きくなった。

　動物園の飼育係時代は、「自分のための動物の絵」を描く必要はなかった。飼育係は一般の人には想像できないくらい動物と濃いつきあいをしている。掃除、エサ作り、体の手入れ、観察、病気の看護、そして死んだら解剖（かいぼう）をする。いつもウンコまみれ、血まみれだ。

（中略）

　実際に鉛筆を持ってスケッチブックに描くということはしなかった。でも何度も何度も、目でなぞるように（※1）追っていた。対象が何であっても、絵を描くときは形や色、質感などを凝視（ぎょうし）する（※2）。筆で絵を描くときのように、ぼくは動物たちをいろんな角度で観察し目で描いていた。そんな風にして動物と接し、①皮膚感（ひふ）覚として動物がぼくの体に入ってきていた。だから、描かなくてもよかった。画家になることを目指していたころは、一枚でも多く絵を描こうとしていたし、それが上達の近道だと思っていた。でもそのころのぼくは違っていた。描く時間がなくても気にならず、むしろ実際にスケッチして絵を描く以上に"絵の描き方"を学んでいると、感じていた。

（あべ弘士『動物の死は、かなしい？──元動物園飼育係が伝える命のはなし』
河出書房新社による）

（※1）目でなぞるように：目で絵を描くように
（※2）凝視（ぎょうし）する：じっと見る

8　①皮膚感覚として動物がぼくの体に入ってきていたとは、どのようなことか。

1　動物の様子をよく観察して記憶していた。

2　動物の気持ちが皮膚を通じて伝わってきた。

3　動物の皮膚の感じを絵にうまく表現できた。

4　皮膚の感覚が動物のように敏感になった。

9　筆者が飼育係をしていたとき、動物の絵を描かなかった理由は何か。

1　飼育係の仕事が忙しくて、描く時間がなかったから。

2　描く対象をじっくりと観察する機会がなかったから。

3　描く対象の観察を深めるだけで十分だったから。

4　動物の絵を描くより、動物の世話をしたかったから。

（3）

　私たちは、呼吸によって空気中から酸素をとりいれています。酸素がなかったら窒息して(※1)死んでしまいます。酸素は私たちが生きていくために欠かせない大切なものです。ところがこの酸素は、じつは私たちのからだに害を与える毒でもあることは、あまり知られていません。

　酸素はちょっとしたきっかけで「活性酸素」というものに変身します。活性ということばの響きからは、私たちのからだのために活発にはたらいてくれるようなイメージがあるのですが、その実体はひじょうに攻撃的で毒性の強い曲者(※2)なのです。そして、この活性酸素こそが、さまざまな老化現象をおこす真犯人ではないかと考えられています。（中略）

　生きていくために酸素が必要なのですが、酸素を利用するために老化するのです。私たちは呼吸をするから歳をとるというわけです。呼吸こそが老化と死を引きおこす原因の一つであり、生きているかぎり老化は避けられません。たいへん皮肉なことですね。

　酸素の利用量が少ないと、老化もおさえられるようです。たとえば、酸素の希薄な(※3)高地に住む人ほど長寿の人が多いとか、腹八分目でカロリー制限することで老化の進行が遅くなるというデータもあります。

（伊藤明夫『細胞のはたらきがわかる本』岩波書店による）

（※1）窒息して：呼吸ができなくなって
（※2）曲者：面倒なもの
（※3）希薄な：薄い、少ない

10 この文章によると、老化をおさえることができるのは、次のどれか。

1　毎日ジョギングして、呼吸の量を増やす。
2　おなかがいっぱいになるまで食べない。
3　食事のあと、軽く運動する。
4　なるべく酸素が濃い地域で暮らす。

11 筆者の考えに合うものはどれか。

1　酸素は、人間の寿命をのばすのに欠かせない。
2　酸素は、さまざまな病気の主な原因になっている。
3　酸素は、人間の体に欠かせないのに、マイナスの面もある。
4　酸素は、「活性酸素」に変わることで、よい働きをする。

　人間は昔から、自然の様々な恩恵（おんけい）を受けて生活してきた。それも、ただ自然の中で暮らすだけではなく、田畑を作り動物を飼い、街を作るというように、自然に手を加え、自分たちが生きていくための環境を整えてきた。ある時代までは、人間による開発は自然にそれほど影響を与えていなかったと言える。しかし、18世紀以降の工業の発展により、人間が自らのために行う活動は、①そのバランスを大きく崩（くず）すようになった。現在、人間は自然を維持（いじ）することを考えながら生活する必要に迫られている。

　そこで、地球上に生きる多様な動植物の生態（せいたい）を知ろう、という動きが最近盛んになってきた。豊かな自然を守るためには、どこにどんな生物が存在し、互いにどのような影響を与え合っているのか、という自然のメカニズムを深く理解する必要がある。ただし、知識さえあれば自然を維持（いじ）できるというものではない。例えば、ある動物に絶滅（ぜつめつ）の危険があったとしても、人間の知識でそれを予測し防ぐことは容易ではないだろう。確かに、知ることは環境保護の第一歩である。しかしながら、それだけで十分だと思わず、自然と謙虚（けんきょ）に向き合うことが重要である。

12 ①そのバランスとは、何と何のバランスか。

1　人間の住む場所が増えることと、自然が減ること
2　自然が人間に恩恵を与えることと、人間が自然のために何かすること
3　人間が自然を利用することと、自然が維持されること
4　人間が自然について学ぶことと、自然が破壊されること

13 筆者は、自然を維持するために最も大事なことは何だと言っているか。

1　自然破壊につながる生活をやめること
2　自然についての知識を広げ、深めること
3　人間以外の生物についてもっとよく知ること
4　自然に対して控えめな姿勢を持つこと

問題3 次の文章は、ある小説についての書評（AとB）である。二つの文章を読んで、後の問に対する答えとして、最もよいものを1・2・3・4から一つ選びなさい。

A

　　著者は、この小説でひとつの実験を行った。それは、文体を変えるということだ。今までは、日常生活から小説の世界へすっと入っていけるような、親しみやすい文体を使っていた。しかし、この小説では、古くてかたい表現を多く用い、舞台が現代だということを忘れさせるような雰囲気を作り上げている。この変化に読者は驚くかもしれないが、著者の物語を組み立てる手腕（※1）は変わらず、読者をあきさせない。

　　この物語は、続きを予告しているかのような文章が多く、この一冊で終わるとは思えない。次回作への期待がふくらむが、一方で、続きが出なくてもかまわないとも思う。読者は、それぞれが感じた物語の終わりを大切にすることもできるのだ。

B

　　この小説ではさまざまなテーマが扱われており、手短に紹介するのは難しい。主人公は、一般的な企業に勤める普通の青年である。その青年が、社会に衝撃を与える金融取引事件に巻き込まれる（※2）。さらに、仕事以外でも問題にぶつかり、青年と両親との対立、親友の死、恋人の病気などに直面したときの心の動きが描かれていく。

　　著者は、今まで取り組んできたことのすべてをこの小説に詰め込んだ。人間の心は社会的圧力に支配されるものではないという力強いメッセージを発している。気になるのは、一部の物語が明らかに終わっていないことだ。出版社は公式には発表していないが、私はこの小説の続編がすでに書かれていると信じている。この小説をきちんと評価するのは、最後の物語が出版されてからのこととしたい。

（※1）手腕：物事を行う能力
（※2）事件に巻き込まれる：本人の意思に関係なく、事件に関わらせられる

14 ＡとＢについて、正しいのはどれか。

1　Ａは著者の変化を中心に、Ｂは物語の概要と著者の意図を中心に述べている。

2　Ａは著者が物語を終わらせていないことを批判し、Ｂはその点を肯定している。

3　Ａは小説の時代背景を紹介し、Ｂは登場人物の気持ちを紹介している。

4　Ａは著者と読者の距離を説明し、Ｂは著者と登場人物の距離を説明している。

15 ＡもＢも、この小説の続編が出ると言っているのはなぜか。

1　出版社が、続編についてあいまいな説明をしているから。

2　読み終わったあとで、一部の話が終わっていないと感じるから。

3　作品の最後で、著者が続きがあることを知らせているから。

4　この著者が、過去にも予告なく続編を出したことがあるから。

問題4 次の文章を読んで、後の問いに対する答えとして、最もよいものを、1・2・3・4から一つ選びなさい。

「生きるために、食べるために、労働は生まれた」と言われますが、それはヒト以外の動物も同じで、生きるために食べものを求めて活動しています。ヒトがほかの動物と異なるのは、社会という集団生活をおこなう点ですが、これはサルやゾウや鳥たちに限らず、アリやハチなどの虫たちも含め、多くの動物は集団生活をおこなっているので、単に集団生活だけをとらえて、ヒトをほかの動物と区別するわけにはいきません。

社会を形成するという点に着目しても、原始的なレベルではサルの集団とほとんど差異がありません。

ところが、ヒトは二足歩行により前足を自由にしました。つまり手をもち、そのことで自然物を道具にすることができました。さらにみずからの手で、その道具を改善することができました。そして新しい素材で新しい道具を生み出すことができます。このプロセス、すなわち道具をつくりだすことができたという点こそが、ほかの動物と明らかにちがい、一線を画する（※1）ことになったといわれています。サルは身のまわりにあるものを道具として使うことができますが、つくりだすことはできないのです。

そして、ここからが大事なところです。道具によって、自分ひとりあるいは子どもを養うことのみならず、働けなくなった、つまり食べものを自分で得ることができなくなった年老いた親を、ヒトは養うことができるようになります。親のめんどうをみることこそが、ヒトがほかの動物と決定的に異なる点です。

もちろん、以前はいまのような長寿が約束されたわけではないので、働けない年齢になったら基本的には自然に死んでいくというのが大部分でしたが、それでもいわゆる生産不能になった高齢者たちも共存できる社会を、人類はずいぶん前からもっていたようです。つまり、道具の利用と開発によって、ヒトは①生産者と後継者以外も生活できる余剰（※2）生産が可能になり、老親たちが生存できたわけです。

（中略）

職業あるいは労働などという概念ができたのは、長い人類史の中ではつい最近のことです。このような理解に立つと、いわゆる生産能力がない人や乏しい人が暮らせる社会こそが、人類が長年求めてきた夢の社会なのです。豊かな社会とはこの夢が実現した社会のことだと、私は確信しています。

（光野有次『みんなでつくるバリアフリー』岩波新書による）

（※1）一線を画する：区別がはっきりする
（※2）余剰：いま必要な分を超えた残り

16 筆者は、ヒトとほかの動物は、どんな点で決定的に違うと言っているか。

1　二足で歩行する点
2　言葉を話す点
3　道具を使う点
4　親に食べ物を与える点

17 ①生産者と後継者とは、何と何を指しているか。

1　老親と、その子
2　老親の子と、孫
3　老親と、その兄弟
4　老親の子と、その兄弟

18 筆者が考える理想的な社会は、どんな社会か。

1　年寄りが大切にされる社会
2　健康で、長生きができる社会
3　老親とその子が共に働ける社会
4　働くことができない人が暮らせる社会

問題5　次は、「鈴木あゆみ美術館」の展示予定である。下の問いに対する答えとして、最もよいものを、1・2・3・4から一つ選びなさい。

鈴木あゆみ美術館

今年の展示予定

▼3/2(火)〜5/9(日)	▼5/12(水)〜7/11(日)	▼7/14(水)〜9/12(日)
〈常設展〉 **あゆみと文学**	〈常設展〉 **あゆみの夏**	〈常設展〉 **あゆみが愛した草花たち**
あゆみは、あたたかいまなざしと子どもの心を常に忘れず、作品を描き上げてきました。そんなあゆみの生き方に影響を与えたのが、児童文学の作家たちでした。この展示では、あゆみの作品と、交流のあった作家の作品を、共通するテーマで取り上げます。	あゆみの作品の特徴は、水彩（すいさい）による光の繊細（せんさい）な表現です。夏は光りあふれる季節。あゆみが描（えが）いた夏の光を、ぜひ感じてください。作品の中の子どもたちが、まぶしそうな笑顔であなたに微笑（ほほえ）みかけてきます。一部、絵本の挿絵（さしえ）（※1）に使われたものもあります。	あゆみは命をいきいきと描（えが）くことを得意としています。真夏から秋にかけて、あゆみが生涯（しょうがい）（※2）を過ごした軽井沢で出会った草花たちのスケッチをご覧（らん）ください。これらのいくつかは、絵本にも使われています。高原の風を感じられるでしょう。
〈企画展〉 **フランスの絵本作家達** 後援（こうえん）：駐日（ちゅうにち）フランス大使館 協力：ルーブル美術館	〈企画展〉 **光で遊ぶ**	〈企画展〉 **近代絵本作家50人**
あゆみの作品から影響を受けたフランスの絵本の原画を特別展示します。	光の効果をうまく取り入れた現代画家の作品を紹介します。夏の日差しを感じてください。	いま最も注目される国内の絵本作家50人の代表作と自画像を一挙（いっきょ）（※3）公開します。

- 上記展示の詳細（しょうさい）は、ホームページ（http://www.ayumi.jp/）でご覧になれます（展示予定のPDFファイルがダウンロードできます）。

- 遠足や研修などでご来館の場合には、解説員がご案内しますので、まず、Eメールまたは FAX でお問い合わせください（お電話でのお問い合わせはご遠慮（えんりょ）ください）。

（※1）挿絵：文章の理解を助けるために入れる絵
（※2）生涯：生きている間
（※3）一挙：一度に

19 日本の作家の作品が**ない**のは、どれか。

1　4月の通常展示
2　4月の企画展示
3　6月の通常展示
4　8月の企画展示

20 学校の行事としてこの美術館を訪問したい。最初に何をするか。

1　電話で連絡する。
2　Eメールで連絡する。
3　申込書を郵送する。
4　ホームページ上の申込書に入力する。

N2 言語知識（文字・語彙・文法）・ 読解 解答用紙

受 験 番 号 Examinee Registration Number		名 前 Name	

〈 ちゅうい　Notes 〉

1. くろいえんぴつ（HB、No.2）で かいてください。
   Use a black medium soft (HB or No.2) pencil.

2. かきなおすときは、けしゴムで きれいにけしてください。
   Erase any unintended marks completely.

3. きたなくしたり、おったりしないで ください。
   Do not soil or bend this sheet.

4. マークれい　Marking examples

よい Correct	わるい Incorrect
●	⊘ ◖ ◯ ◐ ⊘ ◑ ◯

問 題 1 ★文法・語彙

1	①	②	③	④
2	①	②	③	④
3	①	②	③	④
4	①	②	③	④
5	①	②	③	④

問 題 2 ★文法・語彙

6	①	②	③	④
7	①	②	③	④
8	①	②	③	④
9	①	②	③	④
10	①	②	③	④

問 題 3 ★文法・語彙

11	①	②	③	④
12	①	②	③	④
13	①	②	③	④
14	①	②	③	④
15	①	②	③	④

問 題 4 ★文法・語彙

16	①	②	③	④
17	①	②	③	④
18	①	②	③	④
19	①	②	③	④
20	①	②	③	④
21	①	②	③	④
22	①	②	③	④

問 題 5 ★文法・語彙

23	①	②	③	④
24	①	②	③	④
25	①	②	③	④
26	①	②	③	④
27	①	②	③	④

問 題 6 ★文法・語彙

28	①	②	③	④
29	①	②	③	④
30	①	②	③	④
31	①	②	③	④
32	①	②	③	④

問 題 7 ★文法

33	①	②	③	④
34	①	②	③	④
35	①	②	③	④
36	①	②	③	④
37	①	②	③	④
38	①	②	③	④
39	①	②	③	④
40	①	②	③	④
41	①	②	③	④
42	①	②	③	④
43	①	②	③	④
44	①	②	③	④

問 題 8 ★文法

45	①	②	③	④
46	①	②	③	④
47	①	②	③	④
48	①	②	③	④
49	①	②	③	④

問 題 9 ★文法

| 50 | ① | ② | ③ | ④ |
| 51 | ① | ② | ③ | ④ |

問 題 10 ★内容理解（短文）

52	①	②	③	④
53	①	②	③	④
54	①	②	③	④
55	①	②	③	④
56	①	②	③	④
57	①	②	③	④
58	①	②	③	④
59	①	②	③	④

問 題 11 ★内容理解（中文）

60	①	②	③	④
61	①	②	③	④
62	①	②	③	④
63	①	②	③	④
64	①	②	③	④
65	①	②	③	④
66	①	②	③	④
67	①	②	③	④
68	①	②	③	④

問 題 12 ★統合理解

| 69 | ① | ② | ③ | ④ |
| 70 | ① | ② | ③ | ④ |

問 題 13 ★主張理解（長文）

71	①	②	③	④
72	①	②	③	④
73	①	②	③	④

問 題 14 ★情報検索

| 74 | ① | ② | ③ | ④ |
| 75 | ① | ② | ③ | ④ |

第2回 模擬試験

問題1　次の（1）から（5）の文章を読んで、後の問いに対する答えとして、最もよいものを、
　　　1・2・3・4から一つ選びなさい。

（1）

　　あなたは本をどのように読んでいますか。読みたい本がたくさんあるから、できるだけ速く読もうとしていませんか。忙しい時間の合間にささっと読書を済ませようとしていませんか。本を食べ物に例えるならば、読書は、私たちの頭や心に、知識や想像力といった栄養を与えてくれるものだと思います。情報があふれ、スピードが重要といわれる時代ですが、そんなめまぐるしい生活の中だからこそ、食事をゆったりと楽しむように本を味わいたいと思いませんか。

1　筆者は、読書はどうあるべきだと言っているか。

1　多くの本をできるだけ速く読むべきだ。
2　時間を十分かけて、読むことを楽しむべきだ。
3　知識がたくさん身につく本を読むべきだ。
4　内容を正しく理解しながら読むべきだ。

（2）

　　従来の見方では、縄文晩期から弥生時代にかけて（※1）、稲作が日本列島にわ
たってきてからの列島社会は、基本的に農業、稲作を中心とするようになり、海に
よって周囲から隔てられた（※2）島々の中で、自給自足の生活を営む孤立した社会
であった、と考えられてきたと思います。しかし、この常識的な見方はじつはまっ
たく偏っており、こうした日本列島の社会像は誤った虚像（※3）であるといわなく
てはなりません。

　　まず、海によって周囲から隔てられた島々というのは、ことの一面のみをとらえ
た見方です。たしかに海が人と人とを隔てる障壁の役割をすることのあるのは、も
とより事実ですが、しかし、それは海の一面で、海は逆に人と人を結ぶ柔軟な交通
路として、きわめて重要な役割を果たしていたことも間違いありません。

（網野善彦『日本の歴史をよみなおす（全）』筑摩書房による）

（※1）縄文晩期から弥生時代にかけて：紀元前11 ～ 3世紀ごろ
（※2）隔てられた：空間的に離された
（※3）虚像：実際とは違う姿

2　　筆者は、昔の日本列島はどのような社会だったと言っているか。

1　海に囲まれていたため、外国との交流がなかった。

2　海に囲まれていたことで、農業中心の社会だった。

3　海に囲まれていても、孤立した社会ではなかった。

4　海に囲まれていたのは一部で、外国との行き来は盛んだった。

（3）

　　マーケティング・マネジメントは、一筋縄ではいかない（※1）。なぜなら企業経営者やマーケティング担当者が、こうしたいと思っても、市場（生活者や顧客）は思うようには動かないからだ。資源を費やした新商品があえなく失敗し、他社を真似て発売した商品が大ヒットする。時間をかけて総力をあげて展開したキャンペーンが失敗し、生活者の口コミ（※2）の中で静かに広がった評判がその商品を救う。思惑（※3）と異なることがつねに起こる。そこが、対組織内部のマネジメントと対市場のマネジメントの一番の違いだ。つまり、経営者やマーケター（※4）の意のままにはならない市場を相手にする、これがマーケティング・マネジメントの難しさの根源にある。

（石井淳蔵『マーケティングを学ぶ』筑摩書房による）

（※1）一筋縄ではいかない：簡単にはできない
（※2）口コミ：うわさや評判が人の口から口へ伝えられること
（※3）思惑：予想
（※4）マーケター：マーケティングの担当者

3　　筆者は、どうしてマーケティング・マネジメントは難しいと言っているか。

1　市場の予測がしにくいから。
2　多くの費用をかけないといけないから。
3　成功までに時間がかかるから。
4　成功と失敗の両方が同時に起こりやすいから。

（4）

　進化とは、生物が時間とともに「変化」していくことであって、その変化は必ずしも「進歩」であるとは限りません。第一、「進歩」という言葉には、悪いものから良いものへという価値観が入っていますが、なにが良くてなにが悪いのでしょう？　「下等動物」・「高等動物」という言い方は、細菌のように、からだの体制が単純で神経系も簡単な作りをしているものを「下等」と言い、サルのように、からだが複雑で神経系がよく発達しているものを「高等」とする価値観に基づいています。そして、この考えではもちろん、もっとも高等ですぐれた存在が「人間」ということになります。

（長谷川眞理子『進化とはなんだろうか』岩波書店による）

4　筆者は、「進化」と「進歩」をどう考えているか。

1　生物が変化することは、常に進化かつ進歩を意味する。
2　時間をかけた変化は進化であり、進歩ではない。
3　進歩するためには進化が必要だ。
4　進化したからといって、進歩したとはいえない。

（5）

　谷中教授らは花粉症（※1）のマウスに、1日約10グラムのバナナを3週間与え、通常のエサを与えたマウスと比較した。その結果、バナナを食べたマウスは、アレルギーを引き起こす物質の量が通常食のマウスの半分以下に減り、花粉症になると増える白血球（※2）の一種「好酸球」の数も、正常マウスと同レベルまで減少していることがわかった。谷中教授は「マウスにとっての約10グラムは人間では3〜4本に相当する量だろう。人でも症状が軽くなるかを調べたい」と話している。

（「『バナナ　花粉症に効く』東京理科大実験　マウスで実証」2010年12月14日付け読売新聞による）

（※1）花粉症：植物の花粉が鼻や目に入って、鼻水が出たり、目かゆくなったりするアレルギー
（※2）白血球：体内に入ったウイルスなどをやっつける、血液中の細胞

5　この実験について、正しいのはどれか。

1　バナナを食べたマウスは、花粉症が治った。

2　バナナを食べなかったマウスは、花粉症になった。

3　人間も、一日に3〜4本のバナナを食べれば、花粉症の症状が軽くなる。

4　バナナを食べたマウスは、通常食のマウスよりアレルギーの原因物質の量が減った。

問題2 次の（1）から（4）の文章を読んで、後の問いに対する答えとして、最もよいものを、
　　　　1・2・3・4から一つ選びなさい。

（1）

博物館には、古今東西（※1）の様々な品物が展示されている。鑑賞のしかたは人それぞれだろうが、私は、展示品の前に立つとそれが使われていた時代へ行ったような気分になる。

これらの品々がもともとどのように使われていたのか、どこにあったのかということが頭に浮かぶのだ。生活の中で使用されていた工芸品だったら、細かいことも想像しやすい。例えば重厚な茶碗だったら、誰がどのように使っていたのか。身分の高い人が招かれる、優雅な茶会の様子が思い浮かぶ。美しい絵で彩られた大きな花瓶だったら、どんな屋敷を飾っていたのか。複雑な模様が織り込んである着物だったら、どんな人が着ていたのか。展示品は、それを見ている私たちを別の世界へと連れて行ってくれる。

何度も博物館に通ううちに、私は、展示品をただ鑑賞するだけではもの足りなくなってきた。例えば、なぜその絵皿には雪の模様が描かれているのか。そこには作り手の気持ちが込められているはずである。のちに、雪は吉兆（※2）を表すものだということを知った。①このようなことがわからないと、その時代にこの絵皿を使用していた人の気持ちまでは想像できないのだ。それで、私は博物館で売られている解説書を買って読んだり、図書館に通ったりするようになった。

（※1）古今東西：昔から今まで、いろいろな地方
（※2）吉兆：良いことが起こりそうな知らせ

6 ①<u>このようなこと</u>とは、どんなことか。

1 作品が作られた正確な時代
2 作品を作った人の技術の程度
3 作品を作った人の意図
4 作品を持っていた人の身分の高さ

7 筆者は、どういうことに満足できなくなったか。

1 作品の使われ方を想像すること
2 作品に触れた人の気持ちを理解すること
3 作品が使われていた時代を調べること
4 作品の改良すべき点を考えること

　現代人は大衆（たいしゅう）の中の一人ではなく、名前がある個人として認められると、自分の存在が尊重（そんちょう）されたと自尊心（じそんしん）（※1）が満たされ、私は大切にされていると、喜びを感じます。

　「お客様を名前で呼びましょう」と教育している店が多いです。クレジットカードやメンバーカードの使用で名前がわかるので、その時点からは「お客様」でなく、「○○様」と個人名で呼ぼうというものです。（中略）

　筆者はレジでクレジット払いをしたときに、「小林様、いつもお買い上げありがとうございます」と言われると、その店の上得意（じょう）（※2）になったようで、ちょっと優越感（ゆうえつ）（※3）を感じます。接客をしてくれた、私は名前を知らない応対者から自分の名前を呼ばれると、急に親近感（しんきん）がわき、相手に優しい気持ちを持つようになります。

　しかし名前で呼びかけられて困ることもあります。夜や土日を中心に買物に行くＯＬと異なり、私は近所のショッピングセンターへ曜日、時間に関係なく出かけます。平日の昼ごろ顔なじみ（※4）の従業員が私を見つけると「あら〜小林さん、こんな時間にどうしたの？　休み？」と声をかけてきます。エスカレータ脇（わき）で私の仕事の事情を話すつもりもなく、あたふたします（※5）。せめて「小林さん、こんにちは」でやめて欲しいなぁと気弱に願い、平日の昼間はドキドキしながら店に行っています。

（小林作都子『その話し方がクレームを生む』日本経済新聞出版社による）

（※1）自尊心（じそんしん）：自分を大切にする気持ち
（※2）上得意（じょう）：店にとって大事な客
（※3）優越感（ゆうえつ）：自分がほかの者より優れていると感じること
（※4）顔なじみ：よく会うので顔を知っている人
（※5）あたふた：落ち着きをなくし、あわてる様子

8　筆者は、商品を買ったとき店員に名前で呼ばれると、どのように感じると言っているか。

1　上の人間から注意や指導を受けているように感じる。
2　店員が優しい人だと感じられる。
3　大切な客として特別な扱いを受けている感じがする。
4　店員に対して友だちのような親しさを感じる。

9　この文章で筆者が言いたいことは何か。

1　店員と客が親しく接するのはいいことだ。
2　店の外では、一人の人間として同じ立場で接するべきだ。
3　店内で客を名前で呼ぶことは、個人のプライバシーの点で問題がある。
4　名前で呼ばれることが、常にありがたいわけではない。

（３）

　　昼に活動するジョロウグモの巣は、いつも白いように思われます。それも、秋に
なると太陽光の加減で縦糸は少し黄ばんで見えます。しかし、巣の細い糸を見ても
正確な色を判別することは難しいのです。そこで、本当はどのような色をしてい
るのかを確認するために、巣の縦糸と同じ腺（※１）から分泌される（※２）牽引糸（※３）
の色を調べることにしました。
　　多量に集めた牽引糸の可視光（※４）の吸光スペクトル（※５）を調べると、ジョロウ
グモが幼体（※６）から成体（※７）になるまでの春から夏にかけては白色を示します
が、秋に成熟するとはっきりと黄金色を示すことがわかりました。ジョロウグモの
巣の糸の黄色化の理由は、秋になって環境が紅葉化するための保護色の可能性が考
えられます。つまり、クモの巣の色が周囲の色と似ていることで、昆虫が巣を認識
できずに①捕獲されやすくなることを意味しています。一方、夜に活動するズグロ
オニグモの牽引糸を調べた結果、春から秋にかけてずっと白色のままでした。これ
は、夜に活動するズグロオニグモにとっては色が必要ないためと考えられます。

（大﨑茂芳『クモの糸の秘密』岩波書店による）

（※１）腺：物質を作ったり、出したりする器官
（※２）分泌される：出される
（※３）牽引糸：クモの糸
（※４）可視光：目で見える光
（※５）吸光スペクトル：光の吸収を表すグラフ
（※６）幼体：子をつくれるほど成長していない生物
（※７）成体：子をつくれるぐらいに成長した生物

10 ①<u>捕獲されやすくなる</u>とあるが、何が何に捕獲されるのか。

1　ジョロウグモが、他の昆虫に

2　他の昆虫が、ジョロウグモに

3　ズグロオニグモが、他の昆虫に

4　他の昆虫が、ズグロオニグモに

11 この文章の内容と合うものはどれか。

1　ジョロウグモの糸の色は、陽の光の強さによって変わる。

2　ズグロオニグモの糸の色は、季節と成長の時期によって変わる。

3　ジョロウグモとズグロオニグモは活動する時間が違うので、糸の色が違う。

4　ジョロウグモとズグロオニグモはえさとする昆虫が違うので、糸の色が違う。

（4）

　これは私自身の経験ですが、私は全国の江戸時代（※1）の古文書を仕事の必要から見ており、それを読んで筆写をしたりしていたのですが、ごく最近ふっと、なぜ自分が九州の文書を読めるのだろうかと疑問がおこってきたのです。

　つい四、五年前、鹿児島（※2）にいったときのことでした。バス停で五分ほど待っているあいだ、隣にいたお年寄り二人が、楽しそうに笑いながらいろいろな話をしているので、何を話しているのかなと思って、なんとなく耳を傾けて理解しようとしたのですが、何を話しているのかまるっきりわからない。もちろん単語ぐらいはわかるのですけれども、なぜこんなに楽しそうに話しているのかという文脈は、まったく理解できなかったのです。

　その経験が文書を読んでいるときにふっと重なって、どうして自分は全国の文書を読むことができるのだろうということ自体を不思議に思ったわけです。

　（中略）

　つまり日本の社会の場合、文字社会、文書の世界は非常に均質（※3）度が高い。これにたいして、無文字の社会、口頭の世界は、われわれが考えているよりもはるかに多様だということなのです。ですから均質な文字社会の表皮をはがしてしまうと、じつはきわめて多様な民俗社会（※4）が姿を現すということになる。①日本の社会はいまも決して均質ではないのです。

（網野善彦『日本の歴史をよみなおす（全）』筑摩書房による）

（※1）江戸時代：1603年から1867年までの時代
（※2）鹿児島：九州の地名
（※3）均質：どの部分も同じ性質であること
（※4）民俗社会：一定の生活習慣や生活文化を持つ社会

12 筆者は、文字の世界と口頭の世界について、何と言っているか。

1　文字の世界は古くてわかりにくい言葉が多いが、口頭の世界はわかりやすい。
2　文字の世界では理解できても、口頭の世界では理解できない場合がある。
3　文字の世界も口頭の世界も、知らない言葉を理解することは非常に難しい。
4　文字の世界ではわかる単語も、口頭の世界ではわかりにくくなる。

13　①日本の社会はいまも決して均質ではないとは、どういうことか。

1　人々が話す言葉が異なるように、日本各地の生活文化が多彩であること
2　日本各地で異なる言葉が話されるため、文化の交流が難しくなっていること
3　文字がないと、日本各地の文化を一つにまとめられないこと
4　地方の言葉を学ばないと、日本社会は理解できないこと

相談者：

　夫が歯医者になりたいと言い出しました。仕事を辞めて大学に通い直したいそう
です。そのための貯金はしてあるとのことです。

　夫の今の仕事がうまくいっていないとか、嫌いな仕事だというわけではないので、
なぜ今になってそんなことを言うのだろうと驚いています。また、今は歯医者になっ
ても仕事があるかどうかわからないと聞いたことがあるので心配です。ただ、自分
の好きな仕事をしたほうが後悔しないと思うので、夫を応援したい気持ちもありま
す。

回答者：Ａ（歯科医）

　あなたのおっしゃるとおり、今は歯医者が余っています。希望する土地で仕事が
見つかるかどうかわかりませんし、歯医者になる試験は簡単ではないので、大学を
卒業しても一回で合格するとは限りません。また、貯金があるとは言っても、お金
の不安はあるでしょう。そんな状況で何年も彼を応援できるでしょうか。彼の考え
は甘いと思います。今の仕事に問題はないのなら、それを続けるほうがいいのでは
ないでしょうか。

回答者：Ｂ（弁護士）

　彼は大学に通い直すために貯金をしていたのですね。すごいと思います。でも、
どうして突然歯医者になりたいと言い出したのでしょう。貯金を始めるときに話し
てもらいたかったですよね。貯金のことをだまっていた理由を聞いてみたらどうで
すか。彼が将来のことをきちんと考えていたとしても、あなたに内緒で貯金をして
いたのは、あなたを不安にさせる材料として十分です。正直な気持ちを彼に伝えて、
よく話し合ってみてください。

__14__　「相談者」が述べた内容と合うものはどれか。

1　夫が歯医者になることには反対で、あきらめさせる方法をたずねている。
2　夫の計画がうまくいくための、具体的な方法を求めている。
3　夫が何を考えているのか、回答者に判断できるかどうかをたずねている。
4　夫に好きなことをしてほしいと思う気持ちと、不安の両方を述べている。

__15__　AとBについて、正しいのはどれか。

1　AもBも、相談者の夫が歯医者になるのは難しいだろうと考えている。
2　Aは相談者の気持ちをより重視して、Bは夫の考え方に理解を示している。
3　Aは相談者の夫の計画を、Bは相談者の夫が妻に相談した時期を問題にしている。
4　Aは夫が黙って仕事を辞めたこと、Bは相談者が夫に甘いことを問題にしている。

問題4　次の文章を読んで、後の問いに対する答えとして、最もよいものを、1・2・3・4から一つ選びなさい。

　　読解力の第三のポイントは、文章の内容についての背景知識です。政治、経済、社会、科学、スポーツ、芸術など、文章のテーマそのものに関わる知識です。こういった背景知識も、これまでの国語の授業では、ほとんど取り扱われてきませんでした。

　　「先入観（※1）を排除して文章を読め」という原則を貫く（※2）ならば、文章の内容自体についての予備知識は、不要であるどころか、客観的・論理的な理解を妨げる障害になります。現代国語の参考書の中には、論理的思考力さえあれば文章の内容についての知識は必要ないと言い切っているものもあります。

　　たしかに、現代国語のテストは文章の読解力、表現力といった「国語力」を純粋に試すものですから、そのなかで文章の内容に関する背景知識を要求するのは邪道（※3）かもしれません。しかし、まったく予備知識を持たずに文章を読むことは不可能です。排除しようと思っても、何らかの先入観が入り込んできます。

　　かりに何の予備知識・先入観も持たない人がいたとすると、その人は、文章で言われていることがどういう位置づけになるのか、たとえば過激な意見なのか穏健な（※4）意見なのかも分からず、結局、文章の内容は頭に残らないことになります。

　　この意味で言うと、本当に必要なのは、「先入観を排除して読む」ことではなく「バランスの取れた先入観を持って読む」ことです。ただ、バランスが取れていれば、それは「先入観」ではなく、したがって「バランスの取れた先入観」というのは矛盾した言い方なのですが、ここで言いたいのはこういうことです。

　　さまざまな問題に関してさまざまな論じ方がある、そのことを具体的な知識として把握したうえで、その知識を①いったん脇に置いて、先入観を排除して問題文に接する。それによって、たんに形式的な論理的思考力に頼るだけでは得られない、内容についての②実のある理解ができるのではないか、ということです。

　　もちろん、どんなテーマの文章を読むのかによって、必要な知識は違ってきます。しかし、新聞や雑誌の論説・評論にせよ、新書（※5）や教養書にせよ、現代社会を生きる私たちにとって「読解力」が問題になる場面で問われている背景知識は、一言で言ってしまうと、「近代」というものに対する理解につきます（※6）。

（三上直之『「超」読解力』講談社による）

（※1）先入観：初めに持ったまま、固定した見方

（※2）貫く：絶対に変えない

（※3）邪道：望ましくないやり方

（※4）穏健な：おだやかな

（※5）新書：手のひらぐらいのサイズの本

（※6）つきます：一番重要である

16　①いったん脇に置いてとは、どうすることか。

1　とりあえずは使わない。
2　邪魔にならないように、忘れる。
3　すぐ使えるように、よく覚えておく。
4　紙に書いて机の上に出しておく。

17　②実のある理解とは、どういう理解か。

1　事実のより正確な理解
2　ほかとは違う、ユニークな理解
3　自分の考えと一致した理解
4　表面的ではない、深い理解

18　読解力の向上に関して、筆者が言いたいことに合うものはどれか。

1　論理的な思考力だけあれば十分だ。
2　論説や評論を読むといい練習になる。
3　国語の参考書を使って勉強するといい。
4　社会全般についての知識を深めることが重要である。

問題5　次は、「山川台駅」の駐輪場の利用者募集の案内である。下の問いに対する答えと
　　して、最もよいものを、1・2・3・4から一つ選びなさい。

市営山川台駅第4・第5駐輪場　定期利用者募集

◆所在地・駐輪台数

　A：山川台駅第4駐輪場（山川台2-17-3）　140台

　B：山川台駅第5駐輪場（山川台2-5-19）　70台

　　※いずれも原動機付自転車（※1）は利用できません。

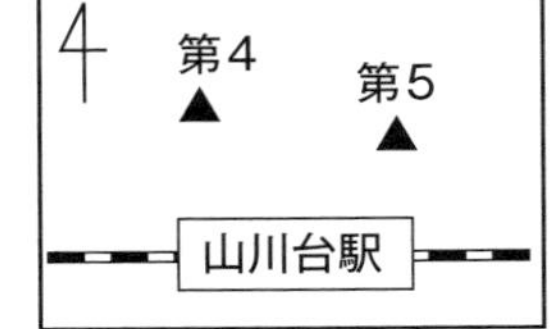

◆利用時間

　24時間

◆申込方法

　ハガキに①駐輪場定期利用者募集（A・Bの別）②一般・学生の別③郵便番号・住所
④氏名（ふりがな）⑤電話番号を記入のうえ、4月12日までに桜田市警備公社へ郵送（申
込先は下段参照）。

　※山川台駅第1駐輪場に置いてある申込用紙に記入し、その場で提出していただいてもかまいま
　　せん。

　※Eメール（parking@sakurada.or.jp）でも申し込みができます。

　※申込多数の場合は抽選（※2）となります。

◆利用区分・料金

	区分	一般	学生
定期	1か月	1,500円	1,100円
	3か月	4,200円	3,100円
	6か月	7,200円	5,200円

　※学生は24歳まで（学生証の提示が必要）。

◆申込先

　桜田市警備公社

　　住所：〒123-4567　桜田市山川台4-10-4

◆問合せ先

　桜田市役所都市整備課

　　電話番号：03-3333-3333

（※1）原動機付自転車：小さなエンジンが付いた自動二輪車
（※2）抽選：くじで選ぶこと

19　学生（26歳）のＡさんが１年間第４駐輪場を利用する場合、最も安い利用料金はいくらか。

1　10,400円
2　12,400円
3　14,400円
4　16,800円

20　申込手続が**できない**のはどれか。

1　ハガキ
2　電話
3　Ｅメール
4　山川台第１駐輪場の窓口

●著者

小林ひとみ（こばやし　ひとみ）
　　神田外語大学大学院言語科学研究科博士前期課程修了。
　　イギリス・スコットランドにてフリーランス日本語教師。
　　特定非営利活動法人日本生活・語学支援機構サポート部日本語指導顧問。
　　元神田外語大学留学生別科上級専任講師。
　　著書に『にほんご会話トレーニング』（アスク出版）等。

桑原里奈（くわはら　りな）
　　ニューサウスウェールズ大学大学院言語学科修士課程修了。
　　文化外国語専門学校専任講師。

木林理恵（きばやし　りえ）
　　東京外国語大学大学院地域文化研究科博士後期課程修了。
　　敬和学園大学人文学部日本語契約講師。

レイアウト・DTP　　ポイントライン
カバーデザイン　　　滝デザイン事務所
イラスト　　　　　　杉本千恵美・白須道子
翻　　訳　　　　　　Jon McGovern ／王雪／崔明淑
編集協力　　　　　　高橋尚子

日本語能力試験問題集　Ｎ２読解スピードマスター

平成23年（2011年）　4月10日　　初版第1刷発行
令和7年（2025年）　10月10日　　　　第12刷発行

著　　者　　小林ひとみ・桑原里奈・木林理恵
発行人　　　福田富与
発行所　　　有限会社　Ｊリサーチ出版
　　　　　　〒166-0002　東京都杉並区高円寺北 2-29-14-705
　　　　　　電話　03（6808）8801（代）　FAX　03（5364）5310
　　　　　　編集部　03（6808）8806
　　　　　　https://www.jresearch.co.jp
印刷所　　　株式会社堀内印刷所

解答／ことばと表現

Answers／Words and expressions
解答／词汇和表达方式
해답／말과 표현

Jリサーチ出版

ウォーミングアップ

1　**状況**　situation／状況／상황
　株価　stock prices／股票价格／주가

2　**進化**　evolution／进化／진화
　形式　form, style／形式／형식

3　**飛ばして**　ここでは「扱わないで、先に進む」という意味
　スペリング　spelling／拼写、拼法／스펠링
　虫眼鏡　magnifying glass／放大镜／돋보기

4　**茶柱が立つ**　お茶の中で、茶のくきが立って浮かんでいること。昔から「縁起がいい（→いいことがある）」と言われている
　迷信　superstition／迷信／미신
　由来　origin／由来、理由／유래
　気分的　emotional／心情上的、感覚上的／기분적
　神経質な　nervous／神経質的／신경질적인
　霊柩車　hearse／灵车／영구차
　不吉　ominous／不吉利／불길
　余裕　leeway／富余／여유
　生涯　生きている間ずっと
　放送大学　テレビやラジオで学ぶことのできる、通信制の大学。働きながら学ぶ人が多い。
　カルチャーセンター　趣味を楽しんだり、何かの基本的なことを習ったりするための教室
　芸能　entertainment／技芸、手芸／예능
　手芸　handicrafts／手工艺／수예
　エアロビクス　音楽に合わせて踊る運動
　開講　講座を始める/講座が始まること
　写生　風景や人、物などを見たとおりにかき写すこと、スケッチ

5　**手段**　目的のために使うもの、方法

---

6 復習ドリル

【正解】

問題1

問1　日本人の食生活の歴史、特徴（よい点、よくない点）　など

問2　日本人、日本、長寿、お年寄り、子ども、食生活、食事、便利、影響、生活習慣病　など

問3　3
問4　2
問5　4
問6　1

寿命　life-span／寿命／수명
長寿　長生き、長く生きること
食生活　食事の習慣

問題2

問1　日本人の大人は漫画を読むのか、よく読まれる漫画は何か　など

問2　大人、子ども、漫画、読む、電車、簡単、絵、内容、作品　など

問3　2
問4　4
問5　3

手軽　easy, convenient／轻松／간단히
リラックス　relaxation／放松、松弛／릴랙스
乏しい　poor, scarce／贫乏／부족하다
思想　thought／思想／사상
反映　reflection／反映／반영
知的好奇心　intellectual curiosity／对知识所产生的好奇心／지적 호기심
共感　sympathy／同感、同情／공감
存在　existence／存在／존재
認識　recognition／认识／인식
支持　support／支持／지지

内容理解（短文）

問題1

正解：| 1 | 4

ことばと表現

書き込み：あるところにメモなどを書くこと
気をとられる：注意を持っていかれる
蛍光ペン：明るさを強くした色のペン
素早く：とても早く
〜以外の何物でもない：まさに〜だ

問題2

正解：| 1 | 4

ことばと表現

雑草：自然に生えている草
無用：必要ない、役に立たない　⇔有用
観賞用：見て楽しむための
取り除く：いらないものを取ってなくす
保水力：（土などが）水をたくわえておくことができる力

問題3

正解：| 1 | 2

ことばと表現

避難：災害の起きた／起きそうな場所から遠い所に行っ
　　たり逃げたりすること
災害：台風や地震などによって人が受ける被害
近隣：となり近所
声をかける：話しかける、誘う
　　例）週末のパーティー、森田さんにも声をかけよう。

問題4

正解：| 1 | 1

ことばと表現

書き出し：書き始めの部分
古めかしい：古く感じるような

すんなり：違和感や変なところがない様子
ややこしい：複雑な

問題5

正解：| 1 | 3

ことばと表現

一段落する：やるべきことがある程度かたづいて、少し
　　落ち着く
　　例）夜9時になって、やっと仕事が一段落した。

問題6

正解：| 1 | 4

ことばと表現

家系：家族の血のつながり
感染症：人にうつる病気
体質：生まれつきの体の性質

問題7

正解：| 1 | 1

ことばと表現

在庫：倉庫に置いてある品物
〜いただければ幸いです：〜してもらえるとうれしい

問題8

正解：| 1 | 2

ことばと表現

年輩：かなりの年齢の人、世の中のことを大体知ってい
　　る年齢の人
世代：generation／家庭／세대
ギャップ：考え方や意見などの違い
感じとる：感じて、そうだとわかる

<ruby>問題<rt>もんだい</rt></ruby>**9**

<ruby>正解<rt>せいかい</rt></ruby>： 1 4

（ことばと<ruby>表現<rt>ひょうげん</rt></ruby>）

<ruby>捕食<rt>ほしょく</rt></ruby>：<ruby>捕<rt>つか</rt></ruby>まえて<ruby>食<rt>た</rt></ruby>べること
<ruby>生存<rt>せいぞん</rt></ruby>：<ruby>生<rt>い</rt></ruby>きていること

<ruby>問題<rt>もんだい</rt></ruby>10

<ruby>正解<rt>せいかい</rt></ruby>： 1 3

（ことばと<ruby>表現<rt>ひょうげん</rt></ruby>）

すき<ruby>間<rt>ま</rt></ruby>：<ruby>物<rt>もの</rt></ruby>と<ruby>物<rt>もの</rt></ruby>などの<ruby>間<rt>あいだ</rt></ruby>の<ruby>空<rt>あ</rt></ruby>いている<ruby>部分<rt>ぶぶん</rt></ruby>
<ruby>同様<rt>どうよう</rt></ruby>に：<ruby>同<rt>おな</rt></ruby>じように

<ruby>問題<rt>もんだい</rt></ruby>11

<ruby>正解<rt>せいかい</rt></ruby>： 1 3

（ことばと<ruby>表現<rt>ひょうげん</rt></ruby>）

<ruby>習得<rt>しゅうとく</rt></ruby>する：<ruby>習<rt>なら</rt></ruby>って<ruby>覚<rt>おぼ</rt></ruby>える
<ruby>滅<rt>ほろ</rt></ruby>びる：perish／消灭、灭绝／멸망하다
～<ruby>行<rt>ゆ</rt></ruby>く：だんだん～する　<ruby>例<rt>れい</rt></ruby>）<ruby>滅<rt>ほろ</rt></ruby>び<ruby>行<rt>ゆ</rt></ruby>く、<ruby>去<rt>さ</rt></ruby>り<ruby>行<rt>ゆ</rt></ruby>く
<ruby>話<rt>はな</rt></ruby>し<ruby>手<rt>て</rt></ruby>：<ruby>話<rt>はな</rt></ruby>す（<ruby>側<rt>がわ</rt></ruby>の）<ruby>人<rt>ひと</rt></ruby>、<ruby>話<rt>はな</rt></ruby>している<ruby>人<rt>ひと</rt></ruby>
<ruby>予告<rt>よこく</rt></ruby>する：そうする<ruby>前<rt>まえ</rt></ruby>、そうなる<ruby>前<rt>まえ</rt></ruby>に<ruby>知<rt>し</rt></ruby>らせておく

<ruby>問題<rt>もんだい</rt></ruby>12

<ruby>正解<rt>せいかい</rt></ruby>： 1 1

（ことばと<ruby>表現<rt>ひょうげん</rt></ruby>）

<ruby>所要時間<rt>しょようじかん</rt></ruby>：<ruby>必要<rt>ひつよう</rt></ruby>とする<ruby>時間<rt>じかん</rt></ruby>
<ruby>候補<rt>こうほ</rt></ruby>：candidate／候补／후보
スムーズ：<ruby>物事<rt>ものごと</rt></ruby>が<ruby>問題<rt>もんだい</rt></ruby>なく<ruby>行<rt>おこな</rt></ruby>われること

内容理解（中文）

問題1

正解： 1 3　 2 3

（ことばと表現）

推定：estimate／推定、推断／추정
器官：一定の機能を持つ体の部分

問題2

正解： 1 4　 2 1

（ことばと表現）

けいこ：練習、レッスン

ひととき：a time／一会儿、片刻／잠시

独特な：そのものだけが持っている
例）独特な声／色／デザイン

ほどよい：ちょうどよい

リフレッシュ：気分を新たにすること

非日常：いつもと違うこと、普段の生活にはない感じ

カジュアル：日常的・実用的・気軽な様子

共有：ほかの人と一緒に持つこと
例）パソコンを共有する

問題3

正解： 1 3　 2 1

（ことばと表現）

ろう者：耳の聞こえない人

手話：聞くことや話すことに障害のある人がわかるように、手の形や動きで話をすること

冗長性：コミュニケーションの際、ある情報が必要最小限より多く表現されること

特有の：そのものだけが特に持っていること
例）日本特有の文化

視線：目の向き、見ている方向

要素：element／要素／요소

ときには〜：〜するときもある、たまに〜

〜すら〜ない/ず：not even〜／连〜也没有／~조차~없다

例）お金がなくなって、缶ジュースすら買えなかった。

ほっぺた：ほお　cheek／面颊／뺨

こする：rub／擦、搓／문지르다

眉：eyebrows／眉毛／눈썹

うなずく：nod／首肯／수긍하다

問題4

正解： 1 4　 2 1

（ことばと表現）

密接：関係がとても深いこと

拝見する：「見る」の謙譲語　※自分の動作に使う

出現：現れること

〜率：〜の割合　例）合格率

不景気：景気が悪いこと　⇔好景気

心理的な：心の、精神の

ピーク：頂上、頂点、一番高いところ

問題5

正解： 1 4　 2 3

（ことばと表現）

〜がち：〜する傾向がある

追求する：強く追うこと
例）自分の理想を追求する。

他方では：ほかはどうかというと、ほかについては

どうしても：どんな手段を使っても、絶対に

極端：一方に大きく偏っていること

表明する：自分の考えなどをはっきりと示す

〜自体：...itself／自身／~자체

そもそも：もともと

これこれしかじかの理由で：こういう理由で

根拠：もとになる理由

問題6

正解： 1 2 　 2 1

（ことばと表現）

害する：傷つける、悪くする
高齢化：年齢が高い人の割合が多くなること
ばかにならない：無視したり軽く見たりできない
　　例）1日500円の交通費も、1カ月分となると、ばかに
　　　ならない。
負担：仕事や費用などを引き受けること
気を配る：周りのいろいろなことに注意する
傾向：tendency／傾向／경향
要因：factor／主要条件／요인

問題7

正解： 1 4 　 2 3

（ことばと表現）

右肩上がり：増える傾向
築く：作り上げる
保護者：親など、子供に対して責任を持つ者
了解：理解すること、認めること
前提：premise／前提／전제
励ます：encourage／鼓励／격려하다
立ち直る：もとのよい状態に戻る

問題8

正解： 1 4 　 2 4

（ことばと表現）

眼球：目のたま
あたかも：まるで、ちょうど
ゆるやか：激しくなく、動きなどがゆっくりしている様子

問題9

正解： 1 1 　 2 4

（ことばと表現）

センス：もののよさがわかる感覚や能力
　　例）音楽のセンス／ユーモアのセンス

背伸び：自分が今持っている実力以上のことをしようと
　　すること
　　例）子供のとき、背伸びをして、いつも兄と同じ本を読
　　　んでいた。
平等：差がなく、みんな同じように扱われること
安易な：あまり考えないで、努力や工夫のない様子
溢れる：いっぱいになってこぼれる

問題10

正解： 1 2 　 2 1

（ことばと表現）

哲学：philosophy／哲学／철학
古代：古い時代、遠い昔
指摘する：大切な点や問題点を具体的に取り上げて示す
現象：phenomenon／現象／현상
取っ組み合う：互いに相手の体をつかんで争う
　　例）子供たちが、取っ組み合ってけんかしている。
行為：action／行为／행위
意図：しようと考えていること
他者：他人、自分以外のほかの人
かかわり：関係
　　例）税金の問題は、国民の生活に深いかかわりがある。

統合理解

問題1

正解： 1 2 　 2 4

ことばと表現

設置：ある目的に役立つように、物や組織などを用意するること

整備：整えること

浄化：きれいにすること

廃止：これまで続けていたものをやめること
　　例）〈鉄道など〉○○線の廃止

遭難：（山や海などで）災難や危険に出あうこと

負担：仕事や費用などを引き受けること

保持：ずっと持っていること

従来の：これまでの

赤字：入ってくるお金よりも出ていくお金のほうが多いこと

汚染：川や空気などが汚れること

考慮する：よく考える

徹底：thoroughness／徹底／철저

保全：もとの状態であるように守ること

問題2

正解： 1 3 　 2 2

ことばと表現

外務省：Ministry of Foreign Affairs／外務省／외무부

証言：testimony／作証／증언

同著：その本

裏側：隠れている事情

細部：細かいところ

再現する：人に示すために再びその場面や状況を表す

十二分に：十分である以上に（たくさん）、たっぷりと

傑作：すぐれた作品

長編：小説や映画などで長いもの

主人公：小説や映画などの作品の中で、一番中心の人物

情報源：情報のもととなるものや場所

徹底：thoroughness／徹底／철저

姿勢：態度や考え方

目に浮かぶ：本当に目の前にあるようにイメージできる／想像できる

緊迫感：危険などがだんだん近くなって、緊張が高まっていく感じ

手に取るように：はっきり見えたり聞こえたりするように
　　例）彼の悲しみが、私には手に取るようにわかった。

問題3

正解： 1 2 　 2 1

ことばと表現

需要：demand／需要／수요

見込む：予定する、予想する

提供：役に立つように、物などを差し出すこと

試み：ためしにやってみること、計画

安価：値段が安いこと

"

主張理解（長文）

問題1

正解： 1 **1**　 2 **4**　 3 **2**

〔ことばと表現〕

立ち会う：その場にいっしょにいる

一歩引いたところで：少し距離を置いて、（関係者ではない）客観的な立場から

鑑賞する：芸術作品を味わい、楽しむ

現場：それが行われている／起きている場所、実際の場所

シーン：場面、目に映る景色

単なる：特に意味のない、ただの
例）単なる言い訳／単なるジョーク

片づけてしまう：それだけのものとして、それ以上のものを求めない

孫悟空：中国の昔の物語に出てくるキャラクターで、特別な能力を持ったサル

問題2

正解： 1 **2**　 2 **1**　 3 **1**

〔ことばと表現〕

既製品：すでにできあがっている物

分類：種類別に分けること

定番：流行に関係ない物

警告文：written warning／警告声明／경고문

発想：アイデア、思いつくこと

イージーオーダー：いくつかのバリエーションから好みのものを選べる注文の方法

計算ずみ：最初から計画に含めていること

コピペ：コピー＆ペースト（copy&paste）の略　※パソコン用語

悪ふざけ：人に迷惑をかけるほどふざけること

ただ〜ばかり：〜だけで、ほかに何もできない
例）彼女は、ただ泣いているばかりでした。

採点する：評価をして点数をつけること

試されている：能力や態度がどうなのか、見られている／テストされている

出来栄え（つづき）

出来栄え：出来上がりの具合・様子

安易に：あまり考えず簡単に

考案する：工夫して考え出す

丸写し：そのまますべてを写すこと

判定する：見分けて、決定する

手間が省ける：手間をかけずに済む

〜に違いない：間違いなく〜だ

問題3

正解： 1 **3**　 2 **3**　 3 **2**

〔ことばと表現〕

自給率：国や地域など、ある範囲のなかで、必要なものをその国や地域の範囲で生産していることを示す割合

返品：いったん買った品物を返すこと

廃棄：捨てること

鮮度：魚・肉・野菜などがどれだけ新鮮かということ

消費者庁：消費者に関する問題を扱う国の機関

小売：消費者を相手に商品を売ること

配慮：いろいろと気を使うこと

間近：すぐ近く

保存：そのままの状態であるように、取っておくこと

購入する：買う

観点：見方、考え方のポイント

望ましい：そうあってほしい

問題4

正解： 1 **2**　 2 **3**　 3 **1**

〔ことばと表現〕

ちらばる：物や人があちこちに散ったり広がったりする

統合：二つ以上のものを一つにまとめること

企てる：計画する

統一する：ばらばらだったものを一つにまとめる

多彩な：いろいろな

いたるところで：どこでも

率直に：自分の気持ちそのままに

謙虚：自分を人よりすぐれていると思わず、素直に人か
　　　ら学ぶ気持ちがあること
未知の：まだ知らない

問題1

正解： ⌈1⌉ **4**　⌈2⌉ **3**

〔 ことばと**表現** 〕

設置：ある目的に役立つように、物や組織などを用意する
こと

預け入れ：deposit／存入（钱款）／예금
引き出し：withdraw／取出（钱款）／인출
手数料：commission／手续费／수수료
通帳：bankbook／存折／통장
振り込み：transfer／存入（钱款）／입금
店舗：営業をするための建物や店

問題2

正解： ⌈1⌉ **4**　⌈2⌉ **2**

〔 ことばと**表現** 〕

フリー：自由
パス：一定期間、電車やバスなどを利用できる券
運賃：電車やバスに乗るための料金
エリア：一定の場所・地域　※「フリーエリア」は移動
が自由な区間の意味
参照：見て参考にすること
求める：買う
有効期間：使える期間
払い戻し：買った券を返し、お金を返してもらうこと
〜限り：〜だけ　例）1回限り
回収する：集める

問題3

正解： ⌈1⌉ **3**　⌈2⌉ **1**

〔 ことばと**表現** 〕

奥行き：手前から奥までの長さ
流し台：調理をするときに水を流すところ
収 納：中に入れてしまっておくこと、そのための入れ物
や入れる場所

容量：入れ物の中に入る量

第1回模擬試験

問題1 （1）

正解：　1　　4

（ことばと表現）

もろい：こわれやすい、弱い

ついつい：そうするつもりはないのに自然と

例）家にいると、ついつい甘いものを食べてしまう。

新築：新しく建物を建てること／新しく建てた建物

屋根瓦：屋根に並べてのせるうすくて平たい石

補修：こわれたところを直すこと

（2）

正解：　2　　1

（ことばと表現）

労力をかける：手間をかける

読み手：読む側の人

負担をかける：重い仕事をさせる、大変な思いをさせる

書き手：書く側の人

（3）

正解：　3　　2

（ことばと表現）

苦痛：痛み、苦しみ

治療：病気やケガなどを治すこと

無神経：他人の気持ちを気にしないこと

例）彼は、友人の無神経な行動に怒った。

〜そのもの：まさに〜

変形する：形がかわる

（4）

正解：　4　　1

（ことばと表現）

欠く：あるべきものがないこと

指摘：大切な点、問題点を具体的に取り上げて、示すこと

件：こと、ことがら、問題

おわび：謝ること

来客：お客さんが来ること

どうか〜：人に頼むとき、謝るときなどに使う表現

例）どうかお願いします／どうかお許しください

（5）

正解：　5　　3

（ことばと表現）

常温：冷蔵庫の中ではなく、部屋のそのままの温度

味が落ちる：おいしくなくなる

物質：material／物質／물질

問題2 （1）

正解：　6　　2　　　7　　4

（ことばと表現）

活字：印刷用の字

老眼鏡：年を取ったせいで目が悪くなったときに使うめがね

総数：すべてを合わせた数

ニーズ：必要、要求、需要

いかに〜：どんなに〜

要点をおさえる：重要なことをきちんと入れる

簡略化：細かいところを略して簡単にすること

適切化：ちょうどよくすること

出まわる：店でよく売られている、街でよく見かける

版：印刷のもとになるもの。また、その大きさ

快適：嫌だと思うことがなく、気持ちがいい様子

〜に換えられない：ほかのものでは〜の代わりにはならない

(2)

正解： 8 　1　　 9 　3

ことばと表現

飼育：えさを与えて動物を育てること

濃い：関係の深い

解剖：生物の体を切り開いて、中を調べること

〜まみれ：全体にわたって何かがたくさん付くこと
例）泥まみれ／汗まみれ

角度：方向

上達：上手になること

(3)

正解： 10 　2　　 11 　3

ことばと表現

とりいれる：中に入れる

欠かせない：ないままにできない

響き：聞いたときに受ける印象

活発に：元気で勢いがいい様子

実体：本当の姿

老化：歳をとるにつれて、体のいろいろな部分の働きが
弱くなったり、悪くなったりすること

現象：phenomenon／现象／현상

真犯人：本当の犯人　※ここでは「本当の原因」の意味

〜かぎり：〜ている間は

皮肉：irony／讽刺／비아냥

高地：高いところにある土地

長寿：長生き

腹八分目：おなかいっぱいになるまでではなく、もう少
し食べられるくらいで食べるのをやめること

制限：限界を決めて、それを超えることを許さないこと

(4)

正解： 12 　3　　 13 　4

ことばと表現

恩恵：benefit／恩惠／은혜

維持：そのまま続くようにすること

生態：生物が自然の中で生活している様子

絶滅：extinction／灭绝／멸종

容易：簡単

控えめな：謙虚な、やりすぎない、抑えた

問題3

正解： 14 　1　　 15 　2

ことばと表現

文体：文章の表現のしかた／文章のスタイル

舞台：作品の時代や場所の設定

手短に：短く簡単に

衝撃：shock／冲击、震惊／충격

問題にぶつかる：解決しなければならない問題が起こる

〜に直面する：face／直接面对／~에 직면하다

〜に詰め込む：たくさん入れる

問題4

正解： 16 　4　　 17 　2　　 18 　4

ことばと表現

形成する：整った形を作る

着目する：特に注意して見る　例)ネットの利点に着目する

差異：違い

二足歩行：二本の足で立って歩くこと

みずからの：自分の

改善する：よりよくする

〜のみならず：〜だけでなく

〜することこそが…：〜することが、まさに…

決定的に：一番、最も

長寿：長生き

大部分：ほとんど

不能：できないこと／能力がないこと

共存する：一緒にうまくやっていく

後継者：ある人の役割や仕事、財産などを、次に引き受
ける人

生存する：死なずに生き続ける

概念：concept／概念／개념

〜史：〜の歴史

乏しい：不足している、少ない

確信する：そうだと強く思う／信じる

^{もんだい}
問題 5

^{せいかい}
正解： 19 **2**　　 20 **2**

（ ことばと表現 ）

展示：人々に見せるために、品物や作品を並べておくこと

企画展：美術館などが特別な期間だけ特別なものを展示
　　　する　⇔ 常設展

軽井沢：別荘地として有名な高原

第2回模擬試験

問題1 （1）

正解： 1 　2

（ことばと表現）

合間：物事と物事の間にできた、ちょっとした自由な時間
　例）彼女は、家事の合間に翻訳の仕事をしている。

ささっと：はやく簡単に
　例）急な来客があったので、ささっと部屋を片付けた。

めまぐるしい：目が回るほど動きが速い様子
　例）景気が不安定だと、株価もめまぐるしく変化する。

ゆったり：あわてたり緊張したりせず、落ち着き余裕の
　ある様子

（2）

正解： 2 　3

（ことばと表現）

列島：日本のように、並んで続いている島
自給自足：必要な物を自分で生産すること
　例）この村では、野菜を自給自足している。

〜といわなくてはならない：〜というのが正しい
障壁：障害やじゃまになるもの
もとより：初めから、もともと

（3）

正解： 3 　1

（ことばと表現）

総力をあげて：持っているすべての力を使って
意のまま：思うとおり
根源：一番のもとになっているもの

（4）

正解： 4 　4

（ことばと表現）

第一：まず何よりも
価値観：何を大事だと思うか、人それぞれの考え方
細菌：bacteria／细菌／세균

（5）

正解： 5 　4

（ことばと表現）

マウス：ネズミの種類の一つ
　　※実験などによく使われる
〜を引き起こす：〜が起きる原因になる
相当する：同じくらいの

問題2 （1）

正解： 6 　3 　 7 　1

（ことばと表現）

観賞：見て楽しむこと
頭に浮かぶ：想像する
工芸品：handicraft／工艺品／공예품
重厚：重みや深みがある様子
優雅：elegant／优雅／우아
もの足りない：満足できないこと
作り手：作る人

（2）

正解： 8 　3 　 9 　4

（ことばと表現）

その時点：そのとき
接客：店員が客の対応をすること
気弱：気が弱いこと／強い態度をとれないこと

(3)

正解： 10 2　　 11 3

（ことばと表現）

加減：程度、具合

黄ばむ：黄色くなる

判別する：区別して判断する

昆虫：虫

認識する：存在がわかる

捕獲する：捕まえる

(4)

正解： 12 2　　 13 1

（ことばと表現）

耳を傾ける：よく聞く
　　例）経験者の言うことには、耳を傾けたほうがいい。

ふっと：suddenly／突然、冷不防／문득

まるっきり〜ない：まったく〜ない
　　例）昨日何を話したか、まるっきり覚えていない。

文脈：context／文脉、文理／문맥

〜自体：...itself／自身／〜자체

はるかに：もっと、ずっと

問題3

正解： 14 4　　 15 3

（ことばと表現）

〜直す：もう一度すること

材料：ここでは「原因」という意味

問題4

正解： 16 1　　 17 4　　 18 4

（ことばと表現）

背景知識：関連する知識

〜と言い切る：to say — for sure／断言、言无不尽／
　　〜라고 단정하다

かりに：もしも

位置づけ：ほかとの関係／全体の中での役割

過激な：radical／过激、激进／과격한

排除する：なくす

問題5

正解： 19 3　　 20 2

（ことばと表現）

定期：一定の期間

〜のうえ：〜してから

警備：安全を守るため、周りに注意を向けること

下段：文章の下の部分
　　※「段」は文章の一つの部分・区切り

● 実戦練習 解答

内容理解（短文）

問題1	4
問題2	4
問題3	2
問題4	1
問題5	3
問題6	4
問題7	1
問題8	2
問題9	4
問題10	3
問題11	3
問題12	1

内容理解（中文）

問題1	
1	3
2	3
問題2	
1	4
2	1
問題3	
1	3
2	1
問題4	
1	4
2	1
問題5	
1	4
2	3
問題6	
1	2
2	1
問題7	
1	4
2	3
問題8	
1	4
2	4
問題9	
1	1
2	4
問題10	
1	2
2	1

統合理解

問題1	
1	2
2	4
問題2	
1	3
2	2
問題3	
1	2
2	1

主張理解（長文）

問題1	
1	1
2	4
3	2
問題2	
1	2
2	1
3	1
問題3	
1	3
2	3
3	2
問題4	
1	2
2	3
3	1

情報検索

問題1	
1	4
2	3
問題2	
1	4
2	2
問題3	
1	3
2	1

● 模擬試験 解答

第1回

問題1	
1	4
2	1
3	2
4	1
5	3
問題2	
6	2
7	4
8	1
9	3
10	2
11	3
12	3
13	4
問題3	
14	1
15	2
問題4	
16	4
17	2
18	4
問題5	
19	2
20	2

第2回

問題1	
1	2
2	3
3	1
4	4
5	4
問題2	
6	3
7	1
8	3
9	4
10	2
11	3
12	2
13	1
問題3	
14	4
15	3
問題4	
16	1
17	4
18	4
問題5	
19	3
20	2